Sekundarstufe

Rudi Lütgeharm

Wüsten & Steppen der Erde

Wüsten und Steppen im Überblick

Lage, Größe, Merkmale

Wüsten- & Steppenarten

Tiere in Wüsten & Steppen

Klima & Vegetation

- Sachinformationen
- Texte, Karten & Grafiken
- Aufgaben mit Lösungen

www.kohlverlag.de

Wüsten & Steppen der Erde

1. Auflage 2023

Inhalt: Rudi Lütgeharm
Umschlagbild: © Igor Chaikovskiy – AdobeStock.com
Redaktion: Kohl-Verlag
Grafik & Satz: Eva-Maria Noack / Kohl-Verlag
Druck: Druckhaus Flock, Köln

Bestell-Nr. 12 947

ISBN: 978-3-98558-336-2

Inhalt

Literatur

- Werdes, A.: Wüsten, Tessloff Verlag, Nürnberg 2015
- https://www.michael-martin.de/de/wissen_wuesten_der_erde/wuesten_amerika.html
- https://govyojana.in/de/post/unterschied-zwischen-wuste-und-steppe
- https://studyflix.de/erdkunde/eiswuste-5182 (Polare Eiswüste, Vegetation, Tiere, mit Video)

WÜSTEN & STEPPEN DER ERDE
Sekundarstufe – Bestell-Nr. 12 947

1 Vorwort und Einführung

Die Erde ist ein Planet, auf dem viele große Wüsten und Steppen in recht unterschiedlichen Arten vorkommen. Schüler wissen oft wenig über diese besonderen Ökosysteme mit ihren Besonderheiten und Merkmalen. Wenn das Wort „Wüste“ fällt, denken die meisten Schüler an unendliche Sandgebiete mit Dünen, brennender Hitze und ohne jegliche Vegetation. Dabei ist die größte Wüste die Eiswüste Antarktis. Die Wüsten aller Kontinente zusammen bedecken etwa ein Fünftel der Landfläche der Erde. Auch der Begriff „Steppe“ kann häufig nicht richtig erklärt und gedeutet werden. Es fehlen einfach die Kenntnisse über diese Ökosysteme und das nötige Hintergrundwissen.

- ✓ Als **Wüste** bezeichnet man eine Landschaft oder Gebiete, in welcher kaum oder gar keine Pflanzen wachsen. Als Wüste werden die vegetationsarmen oder vegetationslosen Gebiete der Erde bezeichnet. Typisch für Wüstenlandschaften sind Sand oder Eis. Charakteristisch für alle Wüsten ist die große Trockenheit, d.h. weniger als 250 mm Niederschlag im Jahr. Der Großteil der Wüsten verteilt sich entlang des nördlichen und südlichen Wendekreises.
- ✓ Eine **Steppe** ist eine offene, semiaride, baumlose Graslandschaft der gemäßigten Zone. In der Steppe wird auf fruchtbaren Böden Landwirtschaft betrieben, es wird vorwiegend Mais und Weizen angebaut. Große Teile der Weltweizenproduktion stammen aus den Steppen Nordamerikas und Eurasiens. Wo die Wasserverhältnisse nur eine extensive Landwirtschaft zulassen, dominiert die mobile Tierhaltung mit Nutztieren wie z. B. Büffel, Rind, Pferd, Schaf, Ziege, Kamel und Yak.

Unterrichtsinhalte und Themen, die sich mit den Wüsten und Steppen auf der Erde beschäftigen, sind hochaktuell, weil Wüsten und Steppen auch aufgrund des Klimawandels weltweit wachsen und weil in Trockengebieten natürliche Ressourcen wie Böden, Vegetation und Wasservorräte wegen einer zu intensiven Nutzung durch die Menschen beeinträchtigt oder sogar zerstört werden und sich nicht mehr regenerieren können.
Durch die Veränderung des Klimas breiten sich die Wüsten immer weiter aus (Desertifikation). Um für dieses Problem zu sensibilisieren, hat die UNO den 17. Juni („Weltwüstentag“) zum Tag zur Bekämpfung von Wüstenbildung und Dürre erklärt. Der Tag wurde am 30. Januar 1995 von der Generalversammlung der Vereinten Nationen ausgerufen und jedes Jahr gefeiert. Sein Ziel ist es, die Wüstenbildung zu verhindern und eine Erholung von der Dürre zu ermöglichen.
Jedes Jahr geht weltweit eine Fläche an fruchtbaren Böden verloren, die ungefähr so groß ist wie ein Drittel Deutschlands. Auch bei uns ist der Verlust von Böden ein Problem. Täglich werden in Deutschland rund 52 Hektar als Siedlungsflächen und Verkehrsflächen neu ausgewiesen (ca. 73 Fußballfelder). Hierdurch werden der Landwirtschaft fruchtbare Böden entzogen, Wälder zerstört und wertvolle Lebensräume von Pflanzen und Tieren vernichtet.

Sandwüste in Marokko – Sahara

1 Vorwort und Einführung

Um das Bewusstsein der Schüler für diese Problematik zu schärfen, ist es zunächst wichtig, grundlegende Kenntnisse über die Wüsten und Steppen zu vermitteln. Nur so ist es möglich, die Schüler für dieses wichtige Thema zu sensibilisieren.

Dieses Buch beinhaltet Themen mit folgenden Schwerpunkten:

- Was ist eine Wüste oder Steppe?
- Welche Unterschiede bestehen zwischen Wüste und Steppe?
- Was sind die besonderen Merkmale von Wüsten und Steppen?
- Wo liegen (befinden sich) die großen Wüsten und Steppen?
- Welche Arten von Wüsten und Steppen gibt es?
- Auf welchen Kontinenten liegen ganz bestimmte Wüsten und Steppen?
- Welche Ursachen hat die Ausbreitung von Wüsten und Steppen?

Um einen interessanten Einstieg in das Thema „Wüsten und Steppen“ zu ermöglichen, können evtl. zwei aussagekräftige Fotos von einer Wüsten- und einer Steppenlandschaft gezeigt werden. Dadurch wird bei den Schülern vorhandenes Wissen angesprochen, es kommt ein Unterrichtsgespräch in Gang, bei dem sie auch weitere Vermutungen zum Ausdruck bringen können – schon ist man mitten im Thema.

Kasachische Steppenlandschaft

Schritt für Schritt wird den Schülern* Faktenwissen über die Wüsten und Steppen der Erde vermittelt. Welche Wüsten und Steppen es gibt, welche besonderen Merkmale sie aufweisen, sowie Temperaturen, Tiere und Vegetation – alles Wissen rund um die verschiedenen Wüsten und Steppen – wird in diesem Buch beschrieben und mit vielen Abbildungen veranschaulicht.

Mit diesen Kenntnissen werden die Schüler in die Lage versetzt, evtl. wirtschaftliche, soziale und ökologische Folgen der Wüsten- und Steppenausdehnung „anders zu sehen“ und zu beurteilen.

Erfolgreiches Lernen, intensive Unterrichtsgespräche und viel Freude mit diesem Buch wünschen Ihnen

das Kohl-Verlagsteam und Rudi Lütgeharm

KOHL VERLAG
WÜSTEN & STEPPEN DER ERDE
Sekundarstufe – Bestell-Nr. 12 947

**Mit den Schülern bzw. Lehrern sind im ganzen Heft selbstverständlich auch die Schülerinnen und Lehrerinnen gemeint!*

2 Die Ökosysteme Wüste und Steppe

Merkmale – Vegetation

Ein Ökosystem (griech. *oikos* = Haus; *systema* = verbunden) besteht aus dem Verbund von **Biotop**[1] und **Biozönose**[2]. Der jeweilige Lebensraum und die darin lebenden Organismen bilden zusammen ein Ökosystem. Auf unserer Erde gibt es unterschiedliche Arten von Ökosystemen, z. B. **Terrestrische und Aquatische Ökosysteme**.

Terrestrische Ökosysteme
Zu den terrestrischen (lat. *terra* = Erde) Ökosystemen zählt man alle, die sich auf dem Land befinden, z. B. Wald (Laubwald, Mischwald, Nadelwald, Regenwald etc.) und Wüste (Halbwüste, Wüste, Salzwüste, Steppe) – im Gegensatz zu den aquatischen (lat. *aqua* = Wasser) Ökosystemen, z. B. Bäche und Flüsse, Seen, Meere und Ozeane.

Als **Ökosystem Wüste** wird auf der Erde ein Gebiet bezeichnet, das kaum bis gar keine Vegetation hat und eine extrem geringe Niederschlagsquote im Jahr aufweist. Dabei werden Trockenwüsten von Eis- oder Kältewüsten unterschieden. In einem Fall ist es die extreme Trockenheit, im anderen die große Kälte, die kaum Pflanzen wachsen lassen. Wüsten findet man auf allen Kontinenten der Erde, sie kommen auf beiden Halbkugeln der Erde vor, der Großteil der Wüsten verteilt sich entlang des nördlichen und südlichen Wendekreises. Die größte Wüste der Welt ist die Eiswüste Antarktis. Die größte Trockenwüste ist die Sahara.

Dromedar-Karawane in der Sahara

Steppe in Kasachstan

Das **Ökosystem Steppe** wird der gemäßigten Klimazone zugeordnet. Steppen sind – einfach ausgedrückt – die Grasländer der gemäßigten Breiten. Sie zeichnen sich durch dominante Gräser- und Schilfarten und wenige Sträucher aus. Man spricht auch von baum- und (im Wesentlichen) strauchloser Vegetation, die vorwiegend aus hohen Gräsern besteht.
Im Winter werden sehr niedrige Temperaturen erreicht und lange Trockenheitsphasen – über das ganze Jahr verteilt – sind keine Seltenheit. Steppen gibt es auf allen Kontinenten mit Ausnahme von Australien und der Antarktis. Auf der Südhalbkugel kommen Steppen nur in geringer Ausdehnung vor, ein Beispiel ist die Pampa in Argentinien.

Aufgabe 1: 

Was versteht man unter dem Ökosystem Wüste?

Aufgabe 2: 

Was versteht man unter dem Ökosystem Steppe?

Aufgabe 3: 

Erläutere den Begriff „terrestrische Ökossysteme".

1 Als Biotope (griech. *bios* = Leben; *topos* = Ort) bezeichnet man in der Biologie bestimmte, abgrenzbare Lebensräume.
2 Als Biozönose (griech. *bios* = Leben; *koinos* = gemeinsam) bezeichnet man in der Biologie die Lebensgemeinschaften von Lebewesen innerhalb eines Biotops.

WÜSTEN & STEPPEN DER ERDE
Sekundarstufe – Bestell-Nr. 12 947
KOHL VERLAG

3 Unterschied zwischen Wüste und Steppe

Klima – Lage – Merkmale

Auf den ersten Blick scheinen sich Wüsten und Steppen sehr ähnlich zu sein.

Beides sind eintönige Landschaften, in denen es keine Bäume gibt.

Eine **Wüste** ist ein großes Gebiet, in dem es (fast) kein Wasser gibt, wo (fast) keine Pflanzen wachsen und es sehr heiß ist. Das Klima, in dem sich Wüsten bilden, ist extrem. Hier ist es heiß und es fällt wenig/kaum Niederschlag. Typisch für Wüsten ist ein extremes Temperaturgefälle zwischen Tag und Nacht.

Wüste Rub al-Chali

Eine **Steppe** ist eine offene, **semiaride**[1], baumlose Graslandschaft der gemäßigten Zone. Steppen haben ein gemäßigtes Klima mit Jahresdurchschnittstemperaturen von 3-8 °C. Der Niederschlag von ca. 300 mm fällt unregelmäßig über das ganze Jahr verteilt. Dadurch entstehen lange Trockenperioden, sodass keine Bäume oder größere Sträucher wachsen können. Statt Bäumen wächst in der Steppe Gras. In einigen Steppen wächst hohes Gras, in anderen niedriges Gras. Es wachsen dort auch Moose, Flechten und Heidekraut.

Steppe in Russland vor dem Altai-Gebirge

Das **Klima** ist einer der Hauptfaktoren, die die Wüste und Steppe prägen. Große Wüsten (afrikanische, asiatische und australische) weisen hohe Sommertemperaturen von über 33 °C und Wintertemperaturen von 12 °C auf. Wüsten bilden sich unter den Bedingungen minimaler Feuchtigkeit – bis zu 200 mm Jahresniederschlag.
Steppen bilden sich/entstehen bei Sommertemperaturen von um 24 °C und Wintertemperaturen von um –10 °C bei unzureichender Feuchtigkeit – 250-450 mm Jahresniederschlag.

Wüsten und Steppen haben unterschiedliche geografische Lagen:

Die meisten Wüsten sind auf die Tropen beschränkt, Steppen dagegen liegen in subtropischen und gemäßigten Klimazonen.
Wüsten liegen häufig in der tropischen Zone von Afrika (Sahara), Eurasien und Australien. Es gibt aber auch Wüsten, die sich in den subtropischen und gemäßigten Klimazonen befinden sowie sogenannte Küstenwüsten, die sich entlang den Westküsten von Südamerika und Afrika erstrecken.

Regenbogen über der Pampa

Die Steppen erstrecken sich in weiten Streifen auf den Ebenen Eurasiens (Eurasische Steppe), Süd- und Nordamerikas innerhalb der gemäßigten und subtropischen Klimazonen.

1 semiarid, subarid, ein trockenes Klima mit Jahresniederschlägen zwischen 25 cm und 50 cm, in dem spärlicher Pflanzenwuchs möglich ist.

3 Unterschied zwischen Wüste und Steppe

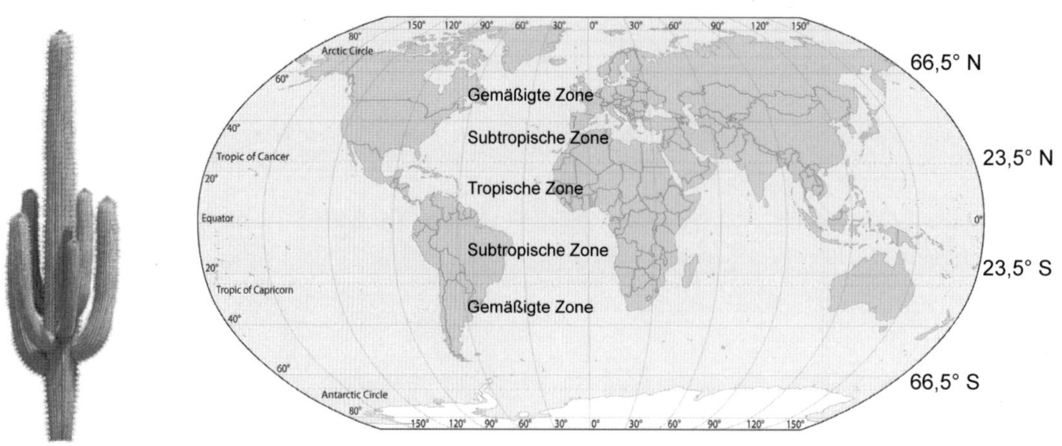

Merkmale von Wüsten und Steppen im Vergleich

- Wüsten weisen ein extremeres Klima auf. Es ist heißer und es fällt wenig oder kaum Niederschlag.
- In der Wüste werden keine Böden gebildet, die Steppen dagegen sind mit einer Bodenschicht bedeckt, die fruchtbar ist.
- Die Oberfläche der Wüste kann sandig, kiesig, felsig oder salzig sein – so kann sich kein Boden in der Wüste bilden.
- Wüsten und Steppen haben einen unterschiedlichen Pflanzen- und Tierbestand.
- Steppen sind aktiv an der Pflanzenproduktion beteiligt. Leider sind heute nur noch kleine Bereiche dieser Landschaften in einem unberührten Zustand geblieben. Aufgrund der guten Bodenqualität sind die meisten Steppen der Erde heute umgepflügt worden und haben sich zu idealen Böden für den Pflanzenanbau entwickelt.
- Die Wüstenflora besteht hauptsächlich aus blattlosen Sträuchern und Sukkulenten, die längerer Trockenheit standhalten können, z. B. Kakteen (Abb. oben links).
- Auf den Gebieten der Wüste kann teilweise nomadische Tierhaltung betrieben werden. Im Weiteren werden aktuell nur sehr kleine Gebiete der Wüste von den entwickelten arabischen Ländern in die Bewässerungslandwirtschaft einbezogen.
- Die typischen Pflanzen der Steppe sind Gräser. Außerdem wachsen dort Moose, Flechten, aber auch niedrige Sträucher wie Heidekraut usw. Die meisten heute überall verbreiteten Getreidepflanzen stammen ursprünglich aus der Steppe.

Aufgabe 1: 

Wo liegt der wichtige Unterschied zwischen Wüsten und Steppen, wenn man die Oberflächen/Böden betrachtet?

Aufgabe 2: 

Welche unterschiedlichen geografischen Lagen haben Wüsten und Steppen?

Aufgabe 3: 

Füge die Begriffe auf der Karte ein:

Sahara – Eurasische Steppe – Pampa – Rub al-Chali – Äquator – 23,5°N – 23,5°S

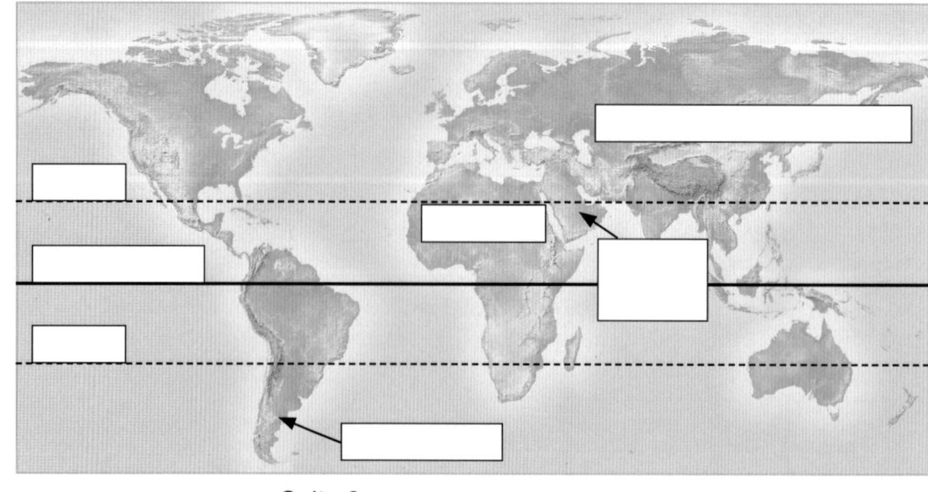

4 Was ist eine Wüste?

Sand oder Eis – Klima – Merkmale – Desertifikation

Als Wüste bezeichnet man eine Landschaft, in welcher kaum oder gar keine Pflanzen wachsen. Das liegt an den dort herrschenden extremen Bedingungen, d. h. sie können sehr heiß oder sehr kalt sein. In allen Wüsten herrscht jedoch eine große Trockenheit.

Typisch für Wüstenlandschaften sind Sand oder Eis. Man unterscheidet deshalb zwischen Eiswüsten wie der Antarktis und Trockenwüsten, wie der Sahara. In Eis- und Trockenwüsten fällt weniger als 250 mm Niederschlag im Jahr (zum Vergleich in Deutschland: ca. 780 mm). Gebiete mit Niederschlagsmengen von 250-500 mm Niederschlag werden als **Halbwüsten** bezeichnet. „Wüst“ bedeutet eigentlich „verlassen“, ursprünglich im Sinne von siedlungsleer, d. h. ohne feste Siedlungen. [*desert* (eng. und franz.) = Wüste; *desierto* (span.) = Wüste, leer, verlassen]

Wüstenklima

Typisch für das Wüstenklima sind extreme Bedingungen. Ein großer Teil der Dürre wird durch einen Mangel an jährlichen Niederschlägen verursacht. Die meisten Regionen mit Wüstenklima haben einen höheren Verdunstungsgrad als Niederschläge. Hitze und Kälte sind zwei weitere Merkmale, die für das Wüstenklima typisch sind. Ein weiteres Merkmal des Wüstenklimas ist der Mangel an Feuchtigkeit. Nicht nur der Boden ist sehr trocken, sondern auch die Luft. Die Temperaturen in Wüsten sind häufig sehr extrem, mit großen Temperaturunterschieden zwischen Tag und Nacht. In den Hitzewüsten steigen die Temperaturen tagsüber manchmal über +40 °C und fallen nachts unter den Gefrierpunkt. In den Kältewüsten dagegen herrschen immer sehr niedrige Temperaturen um bis zu –40 °C. Sie können im Sommer die 0 °C erreichen und auch leicht überschreiten. Im Wüstenklima herrscht der **Evapotranspirationsprozess**[1].

Typisch für Wüstenlandschaften sind **Sand oder Eis**. Man unterscheidet daher grundsätzlich zwischen zwei Wüstenarten, und zwar:

- Trocken-/Hitzewüsten sind trocken und heiß. Sie liegen vor allem in den Subtropen. Z. B. ist die Sahara die größte Sandwüste der Erde mit einer Fläche von ca. 9 Mio. km² (ca. 26-mal so groß wie Deutschland). Die Sahara erhält ungefähr 25 mm Niederschlag pro Jahr.
- Kälte-/Eiswüsten sind sehr kalt und liegen im Bereich der Pole. Z. B. ist die Antarktis eine sogenannte Eiswüste und mit einer Fläche von ca. 13,8 Mio. km² noch deutlich größer als die Sahara. Die Antarktis erhält durchschnittlich auch ungefähr 25 mm Niederschlag pro Jahr, wobei es auch Gebiete gibt, wo es noch nie geregnet oder geschneit hat.

In den heißen Wüsten gibt es eine intensive Sonneneinstrahlung mit hohen Temperaturen, Winderosion (Bodenabtrag und -transport, der durch starken Wind verursacht wird) und häufig sandige, steinige oder felsige Böden. In den Polarwüsten ist das Klima ebenfalls trocken, die Temperatur liegt meist unter 0 °C und es gibt wenig Flora und Fauna. Zu den Wüsten zählen aber nicht nur die Trocken-/Hitzewüsten und Kälte-/Eiswüsten, sondern auch die lebensfeindlichen Salzwüsten, die in besonders trockenen Gebieten entstehen, wo die jährliche Verdunstung über dem jährlichen Niederschlag liegt. Nur zur Klarstellung: Eine Salzwüste ist kein Überrest eines Meeres.

Wüste Sahara

Endlose antarktische Schneefelder

Salzwüste Uyuni in Bolivien

1 Evapotranspiration bezeichnet in der Meteorologie die Summe aus Transpiration (Verdunstung von Wasser aus der Tier- und Pflanzenwelt) sowie Evaporation (Verdunstung aus Boden- und Wasseroberflächen).

4 Was ist eine Wüste?

Charakterisierung von Wüsten durch Merkmale und Besonderheiten

Wüsten sind Gebiete auf der Erde, ...

- in denen extreme Bedingungen herrschen. Es regnet sehr wenig und es ist entweder sehr heiß oder sehr kalt.
- die durch niedrige Niederschlagsmengen, trockenes Klima, extreme Temperaturen und trockene Böden gekennzeichnet sind.
- in denen es kaum Pflanzen und Tiere gibt; man nennt sie daher auch vegetationsarm bzw. vegetationslos. Nur wenige Tiere und Pflanzen sind in der Lage, sich diesen „besonderen" Lebensbedingungen anzupassen.
- die aufgrund der geringen Vegetation zu schwierigen Lebensbedingungen für Tiere führen. Wüsten zählen deshalb zu den **Anökumenen**[2].

Desertifikation

Gut ein Fünftel der Erde ist von Wüsten bedeckt – es gibt Sand-, Salz-, Stein-, Felsen- und klirrend kalte Eiswüsten. An sich ist das kein Problem, doch die Wüsten dehnen sich aus – und daran ist hauptsächlich der Mensch schuld. Je mehr Flächen von der fortschreitenden Wüstenbildung betroffen sind, desto größere Folgen hat das für Mensch und Umwelt. Während sich die Eiswüsten zurückbilden, breiten sich die Trockenwüsten immer weiter aus.

Als **Desertifikation**[3] bzw. Verwüstung bezeichnet man die zunehmende Verschlechterung des Bodens in wüstennahen Gebieten. Jedes Jahr verliert die Erde ca. 12 Mio. Hektar an fruchtbarem Boden. Das entspricht etwa der gesamten Ackerfläche in Deutschland. Die Zunahme der Wüsten ist auf die intensive Nutzung von Ökosystemen durch den Menschen zurückzuführen und wird durch den Klimawandel noch verschärft. Desertifikation liegt dann vor, wenn in Gebieten mit überwiegend trockenem Klima die natürlichen Ressourcen Boden, Vegetation und Wasser durch den Menschen beeinträchtigt oder zerstört werden, z. B. durch

- Vernichtung und Dezimierung von Wäldern durch Brandrodung und unsachgemäßes Gewinnen und Sammeln von Brennholz;
- Überweidung (zu viel Nutztiere auf einer Weidefläche, so dass auf Dauer nicht genügend Pflanzenmasse nachwachsen kann);
- unangemessene Bewässerung, d. h. übermäßige Wasserentnahme aus Reservoiren;
- Anbau ungeeigneter Pflanzenarten etc.

Marokko: Zäune aus Palmblättern sollen die Bewegung von Sanddünen stoppen.

Aufgabe 1:

Die Temperaturen in Wüsten sind häufig sehr extrem. Erläutere ...

Aufgabe 2: 

Welche Wüstenarten unterscheidet man? Nenne ihre geografische Lage.

Aufgabe 3: 

Was versteht man unter einer Desertifikation?

---

2 Als Anökumene werden die wegen extremer klimatischer Bedingungen nicht bewohnbaren Gebiete der Erde bezeichnet. Das sind z. B. die Vollwüsten, die Polarregionen oder die Gipfelregionen der Hochgebirge. Dazu gehören etwas mehr als 10 % der Landoberfläche der Erde.

3 Die Desertifikation [lat. *desertum* – Wüste; *facere* – machen] bezeichnet eine Wüstenbildung oder eine Ausbreitung von Wüsten in Gebiete, die bisher noch von Menschen genutzt werden.

WÜSTEN & STEPPEN DER ERDE
Sekundarstufe – Bestell-Nr. 12 947
KOHL VERLAG

5 Große Wüsten der Erde

Antarktis – Arktis – Sahara – Gobi – Patagonische Wüste – Rub al-Chali – Kalahari – Chihuahua – Great Basin Desert – Karakum – Taklamakan – Große Victoria-Wüste – Sonora – Lut – Große Sandwüste – Thar – Kysylkum – Gibson-Wüste – Ad-Dahna – Mojave – Nefud – Atacama – Namib

Die größten Wüsten der Erde sind nicht aus Sand oder Kies, sondern aus Eis und Schnee. Als Wüste werden vegetationsarme oder vegetationslose Gebiete der Erde bezeichnet.

Die folgende Übersicht bietet eine Auswahl von Wüsten, die aber keinen Anspruch auf Vollständigkeit erheben. Auch die Angaben zu den Flächen in km² sind teilweise in der Literatur unterschiedlich. Auch die Benennung der Wüstenart ist nicht immer ganz einfach, da die jeweilige Wüste unterschiedliche Bodenbeschaffenheiten aufweisen kann, z. B. weist die Sahara Gebiete mit Sand, aber auch mit Kies auf.

Die Weltkarte mit den Angaben soll auf einen Blick verdeutlichen, wo sich die Wüsten befinden:

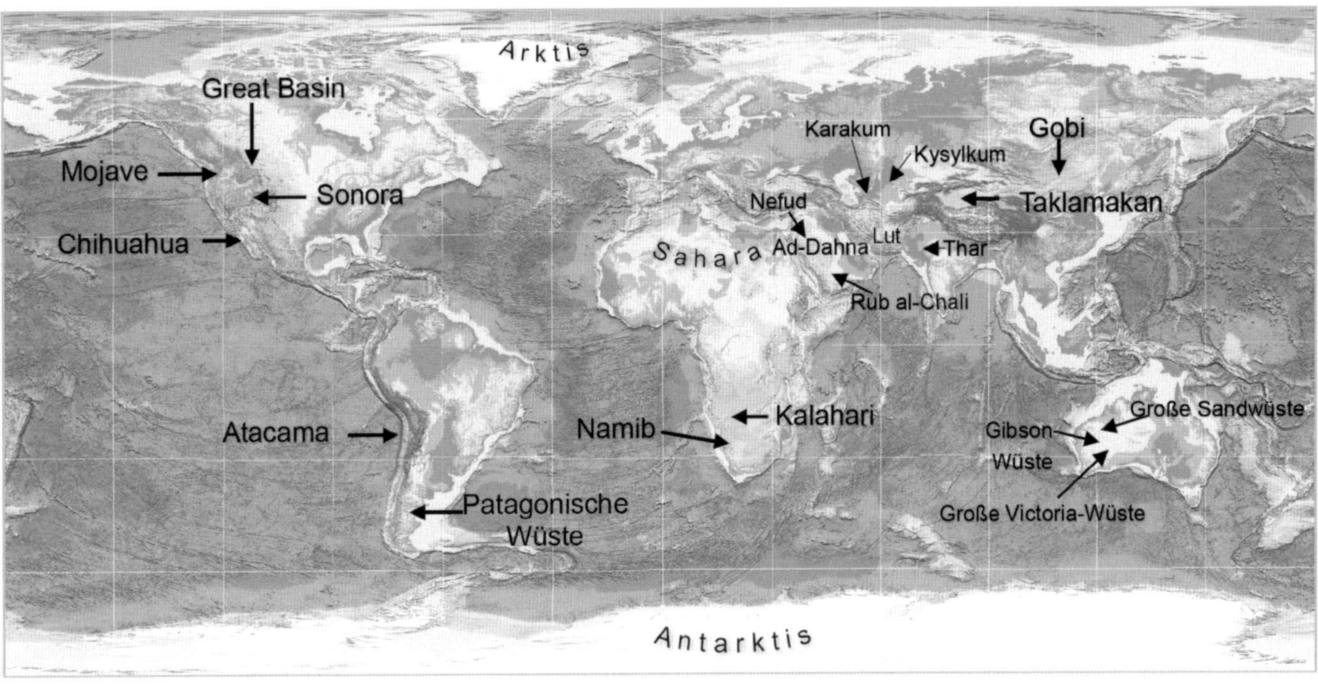

Die folgende Übersicht nennt in Kurzform die großen Wüsten auf der Erde, die Wüstenart, die Fläche in km² und Angaben über die geografische Lage der Wüste, bzw. über welche Länder sich die jeweilige Wüste erstreckt. Gebiete, die etwas feuchter als "echte" Wüsten und eine schüttere Strauch- und Grasvegetation aufweisen, bezeichnet man als Halbwüsten oder auch als Wüsten-Steppen oder Wüsten-Savannen, z. B. die Kalahari in Botswana, Teile der Großen Sandwüste in Australien oder die Patagonische Wüste in Argentinien.

5 Große Wüsten der Erde

<table>
<tr><th>Name der Wüste</th><th>Art / Typ</th><th>Fläche in km²</th><th>Lage / Länder</th></tr>
<tr><td>Antarktis</td><td>Polarwüste / Eiswüste</td><td>13.900.000</td><td>Südpol / Antarktika</td></tr>
<tr><td colspan="4">Der Antarktische Eisschild kann je nach Jahreszeit variieren. Aufgrund des Klimawandels und der Erderwärmung schmilzt die Eisfläche schon seit Jahren.</td></tr>
<tr><td>Arktis</td><td>Polarwüste / Eiswüste</td><td>13.400.000</td><td>Kanada, Alaska, Grönland, Island, Russland, Norwegen, Finnland</td></tr>
<tr><td colspan="4">Die Eisfläche des Nordpolarmeeres kann je nach Jahreszeit kleiner und größer ausfallen. Auch hier kommt es aufgrund des Klimawandels und der Erderwärmung immer mehr zum Schmelzen der Eisfläche.</td></tr>
<tr><td>Sahara</td><td>Wendekreiswüste / Sandwüste, Kieswüste</td><td>9.200.000</td><td>Algerien, Tunesien, Marokko, Libyen, Ägypten, Mali, Niger, Tschad, Sudan, Mauretanien, Westsahara</td></tr>
<tr><td colspan="4">Die Sahara liegt in Nordafrika und erstreckt sich vom Atlantik über mehr als 6000 km bis zum Roten Meer und vom Mittelmeer von Nord nach Süd über 2000 km bis zum Sudan. Die Sahara ist etwa 26-mal so groß wie Deutschland.</td></tr>
<tr><td>Gobi</td><td>Binnenwüste / Stein- und Geröllwüste</td><td>1.300.000</td><td>Mongolei und China</td></tr>
<tr><td colspan="4">Die Wüste Gobi liegt im Herzen von Asien und erstreckt sich in den Süden der Mongolei und auf der anderen Seite in den Norden und Nordwesten Chinas. Die Wüste Gobi [(mongolisch) Gow = „Wüste“, (chin.) Hanhai = „trockenes Meer“ oder Schamo = „Sandwüste“] bildet den zentralen Teil des Mongolischen Beckens. Im Sommer herrschen in der Gobi große Trockenheit und Dürre bei Temperaturen um +35 °C. Die Winter sind sehr kalt und schneearm. Es herrschen Temperaturen bis –30 °C (minimal –49 °C).</td></tr>
<tr><td>Patagonische Wüste</td><td>Halbwüste / Wüstensteppe / Wüstensavanne</td><td>673.000</td><td>Argentinien</td></tr>
<tr><td colspan="4">Die Patagonische Wüste erstreckt sich über den Süden Argentiniens. Sie verläuft entlang der Anden bis runter nach Feuerland. Im Norden grenzt sie an die Pampa, im Westen wird sie von den Südanden und im Osten vom Atlantischen Ozean begrenzt.</td></tr>
<tr><td>Rub al-Chali (Arabische Wüste)</td><td>Wendekreiswüste / Sandwüste</td><td>650.000</td><td>Jemen, Oman, Saudi-Arabien</td></tr>
<tr><td colspan="4">Die Arabische Wüste liegt auf der Arabischen Halbinsel und befindet sich östlich der Sahara. Sie ist die größte geschlossene Sandwüste der Erde, etwa doppelt so groß wie Deutschland und eine der trockensten Wüsten der Erde (< 50 mm Niederschlag in einem Jahr).</td></tr>
<tr><td>Kalahari</td><td>Halbwüste / Wüstensteppe / Wüstensavanne / Sandwüste</td><td>930.000</td><td>Botswana, Namibia, Südafrika</td></tr>
<tr><td colspan="4">Die Kalahari ist Teil eines riesigen Sandbeckens (Kalahari-Becken), das vom Oranje-Fluss bis nach Angola, im Westen bis nach Namibia und im Osten bis nach Simbabwe reicht. Sie wird als Halbwüste bezeichnet, da der Niederschlag 100-650 mm im Jahr ist (bei echten Wüsten sind es weniger als 50 mm). Durch den erhöhten Niederschlag ist die Pflanzen- und Tierwelt reichhaltig. Durch die Dicke des Sandfeldes bleibt das Wasser allerdings nur in den Vleis (= Endpfanne eines Flusses) stehen und versickert ansonsten sofort. In der Kalahari findet man vor allem Gräser, Dornensträucher und Akazienbäume, die in der Lage sind, die langen 8-10-monatigen Trockenperioden im Jahr zu überstehen.</td></tr>
</table>

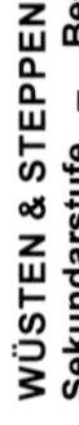

5 Große Wüsten der Erde

<table>
<tr><th>Name der Wüste</th><th>Art / Typ</th><th>Fläche in km²</th><th>Lage / Länder</th></tr>
<tr><td>Chihuahua</td><td>Binnenwüste</td><td>647.500</td><td>USA, Mexiko</td></tr>
<tr><td colspan="4">Die Chihuahua-Wüste liegt im Grenzgebiet von USA und Mexiko. Die Chihuahua-Wüste ist eine Regenschattenwüste, weil sie durch die östlich gelegene „Sierra Madre Oriental“ vom regenreichen Golf von Mexiko abgeschirmt wird.</td></tr>
<tr><td>Great Basin</td><td>Binnenwüste</td><td>492.100</td><td>USA, Nevada, Utah</td></tr>
<tr><td colspan="4">Im großen Becken liegt die „Great Basin Desert“ (Wüste), ihre Größe entspricht in etwa der Größe Spaniens. Diese Wüste schließt sich nördlich der Mojave-Wüste an.</td></tr>
<tr><td>Karakum</td><td>Binnenwüste, Sand- und Trockenwüste</td><td>400.000</td><td>Turkmenistan, Usbekistan</td></tr>
<tr><td colspan="4">Die Karakum-Wüste liegt fast komplett auf dem Staatsgebiet von Turkmenistan (90 %). Randgebiete liegen auf dem Gebiet von Usbekistan. Die Karakum, deren Übersetzung "Schwarzer Sand" bedeutet, ist eine Wüste, die sich im Herzen von Zentralasien befindet. Der Fluss Amudarja bildet die nordwestliche Begrenzung der Wüste.</td></tr>
<tr><td>Taklamakan</td><td>Binnen- / Sandwüste</td><td>360.000</td><td>VR China</td></tr>
<tr><td colspan="4">Die Taklamakan-Wüste liegt im nordwestchinesischen „Uigurischen Autonomen Gebiet Xinjiang“, Volksrepublik China. Die Taklamakan ist nach der Rub al-Chali die zweitgrößte Sandwüste der Erde. Ihre Fläche ist zum Großteil mit über 100 m hohen Dünen bedeckt, nach manchen Angaben belaufen sie sich sogar auf 300 m.</td></tr>
<tr><td>Große Victoria-Wüste</td><td>Wendekreiswüste</td><td>348.750</td><td>Australien</td></tr>
<tr><td colspan="4">Die Große Victoria-Wüste ist mit einer Fläche von 348.750 km² die größte australische Wüste im Süden und Westen des Kontinents. Sie hat etwa die Fläche Deutschlands.</td></tr>
<tr><td>Sonora</td><td>Küstenwüste, Kies- und Steppenwüste</td><td>320.000</td><td>USA (Arizona, Kalifornien), Mexiko</td></tr>
<tr><td colspan="4">Die Sonora umfasst die Südostspitze von Kalifornien, den Südwesten Arizonas, rund die Hälfte des mexikanischen Bundesstaats Sonora sowie fast die gesamte Halbinsel „Baja California“.</td></tr>
<tr><td>Lut</td><td>Wendekreiswüste</td><td>280.000</td><td>Iran</td></tr>
<tr><td colspan="4">Die Wüste Lut ist eine Wendekreiswüste und erstreckt sich über eine Fläche von 280.000 km².
Sie liegt im Südosten der Islam. Rep. Iran und zählt zu den heißesten Orten der Erde.</td></tr>
<tr><td>Große Sandwüste</td><td>Sandwüste</td><td>275.000</td><td>Australien</td></tr>
<tr><td colspan="4">Die Große Sandwüste liegt im Nordwesten von Australien. Sie hat eine Fläche von 275.000 km² und befindet sich im Bundesstaat Western Australia.</td></tr>
<tr><td>Thar</td><td>Sandwüste</td><td>240.000</td><td>Indien</td></tr>
<tr><td colspan="4">Die Thar (auch „Große Indische Wüste“) liegt in Vorderindien im Gebiet von Rajasthan östl. des unteren Indus. Die Thar ist eine Sandwüste, die zahlreiche dünn bewachsene Dünen hat.</td></tr>
<tr><td>Kysylkum</td><td>Binnenwüste / Sandwüste</td><td>200.000</td><td>Turkmenistan, Usbekistan und Kasachstan</td></tr>
<tr><td colspan="4">Die Kysylkum-Wüste (“roter Sand”) ist eine Sandwüste mit einer Fläche von 200.000 km² und liegt auf den Staatsgebieten von Turkmenistan, Usbekistan und Kasachstan.</td></tr>
<tr><td>Gibson-Wüste</td><td>Wendekreiswüste</td><td>156.300</td><td>Australien</td></tr>
<tr><td colspan="4">Die Gibson-Wüste liegt im Bundesstaat „Western Australia“. Ihre Fläche beträgt 156.300 km². Sie liegt sehr abgelegen und ist sehr dünn besiedelt.</td></tr>
</table>

5 Große Wüsten der Erde

Name der Wüste	Art / Typ	Fläche in km²	Lage / Länder
Ad-Dahna	Schotter- und Kieswüste	130.000	Saudi-Arabien
Die Schotter- und Kieswüste Ad-Dahna erstreckt sich über eine Fläche von 130.000 km² und verbindet die beiden Wüstenbereiche Nefud und Rub al-Chali.			
Mojave	Fels-, Kies- und Sandwüste	124.000	USA (Kalifornien, Süd-Nevada, Utah, Arizona)
Die Mojave liegt im Westen Nordamerikas, bedeckt Teile des Südostens von Kalifornien, den Süden von Nevada, den Nordwesten von Arizona und den Südwesten von Utah. Sie grenzt im Norden an das Great Basin und im Süden an die Sonora			
Nefud	Sandwüste	111.000	Saudi-Arabien
Nördlich der Rub al-Chali breitet sich die Wüste Nefud mit einer Fläche von 111.000 km² aus. Sie ist überwiegend von rotem Sand bedeckt. Die Nefud ist bekannt für ihre starken, plötzlichen Winde, die zu starker Dünenbildung führen, die bis zu 180 m hoch werden können.			
Atacama	Küstenwüste	104.741	Südamerika / Chile
Die Atacama-Wüste liegt im Norden Chiles. Sie grenzt im Westen an den Pazifik, im Norden an Peru und im Osten an Bolivien und Argentinien. Die Atacama zählt zu den sogenannten Küstenwüsten. (Diese liegen ausschließlich an den Westseiten von Kontinenten.)			
Namib	Küstenwüste	95.000	Afrika / Namibia
Sie erstreckt sich an der Südwestküste Afrikas auf einer Länge von 2000 km vom nordwestl. Südafrika über den Oranje-Fluss bis hinauf nach Angola. Sie ist die älteste Wüste der Welt.			

Aufgabe 1: 

Wie heißt die größte Sandwüste der Erde? Beschreibe ihre Ausmaße.

Aufgabe 2: 

Beschreibe die Lage der Wüste Namib und nenne ihre Besonderheiten.

Aufgabe 3: 

Ergänze die Angaben in der Übersicht.

Name der Wüste	Art/Typ	Fläche in km²	Lage / Länder
		13.900.000	
			Algerien, Tunesien, Marokko, Libyen, Ägypten, Mali, Niger, Tschad, Sudan, Mauretanien, Westsahara
Gobi			
			Turkmenistan, Usbekistan
		104.741	

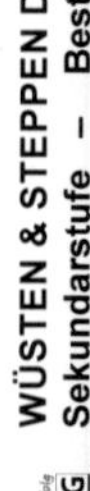

6 Wüsten und deren Kontinente

Arktis – Antarktis – Afrika – Zentralasien – Vorderasien – Nordamerika – Südamerika – Australien

Wüstengebiete findet man auf allen Kontinenten der Erde. Die Wüsten aller Kontinente zusammen bedecken etwa ein Fünftel der Landfläche der Erde. Jahr für Jahr breiten sie sich aus und es entstehen neue Wüsten (siehe 4. Kapitel – Desertifikation). Wiederum sind nur ein Fünftel aller Wüsten auch Sandwüsten und mit feinem Quarzsand bedeckt. Die größte Wüste der Erde ist die Eiswüste Antarktis. Die größte Trockenwüste ist die afrikanische Sahara. Große Wüsten gibt es in der Arktis und Antarktis, in Afrika, Asien, Nord- und Südamerika sowie in Australien. Der Großteil der Wüsten verteilt sich entlang des nördlichen und südlichen Wendekreises (Beispiele: Sahara und Große Sandwüste).

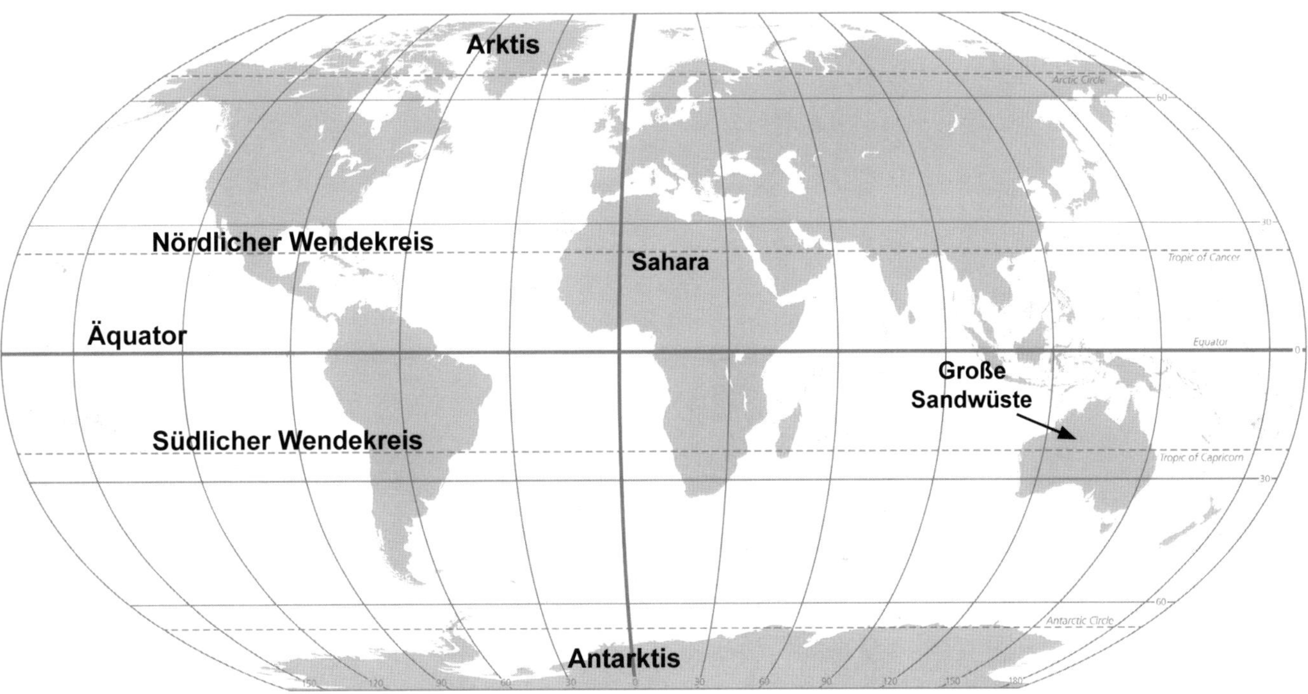

Die folgende Übersicht bietet eine Auswahl von Wüsten und ihre Lage auf den Kontinenten, die aber keinen Anspruch auf Vollständigkeit erhebt. Die Lagebestimmung der Wüsten kann hier nur grob erfolgen. Die genaue Lagebestimmung muss immer unter Verwendung des Atlas oder Internets vorgenommen werden. Auch die Angabe der Flächengröße ist teilweise in der Literatur unterschiedlich. Die Kartenausschnitte mit den Namen der Wüsten sollen den Schülern anschaulich vermitteln, wo sich die Wüsten auf dem jeweiligen Kontinent befinden, und ihnen damit eine geografische Zuordnung ermöglichen.

Wenn man über eine Wüste und ihre Besonderheiten spricht, sollte man also schon wissen, wo diese Wüste liegt!

Außerdem wird jeder Wüste eine typische Abbildung zugeordnet, um eine erste bildhafte Vorstellung über diese Wüste zu bekommen. Außerdem werden manchmal Besonderheiten der jeweiligen Wüste genannt.

Wüsten und deren Kontinente

Wüste Nordpol:

Die **Arktische Wüste** ist eine 13,4 Mio. km² große Polarwüste/Eiswüste in den Ländern Kanada, Alaska, Grönland, Island, Russland, Norwegen und Finnland. Die Größe der Eisfläche im Nordpolarmeer verändert sich jahreszeitlich und durch den Klimawandel.

Arktis: Dorf Kusuluk im Winter – Grönland

Wüste Südpol, Antarktika:

Die Antarktische Wüste ist eine 13,9 Mio. km² große Polarwüste/Eiswüste auf dem Kontinent Antarktika am Südpol. Die Größe des antarktischen Eisschilds verändert sich jahreszeitlich und durch den Klimawandel.

Antarktis: Pinguine auf einer Eisscholle

Wüsten in Afrika: Sahara – Namib – Kalahari:

Afrika gilt als „Wüstenkontinent" unter den Erdteilen, da ca. 58 % seiner Flächen Wüsten oder Halbwüsten sind. Dieser Wert liegt zwar unter dem Wert von Australien (80 % Australiens sind Trockengebiete), doch mit einer Fläche von 17.309.280 km² nehmen die Wüstengebiete in Afrika eine gewaltige Fläche ein.

Im Norden Afrikas liegt die **Sahara**, die den afrikanischen Kontinent vom Atlantik bis zum Roten Meer über mehr als 6000 km durchzieht und nur durch den Nil, als fruchtbaren Bereich, durchbrochen wird. Die Sahara ist mit über 9 Mio. km² die größte Trockenwüste der Erde. Die Sahara trennt die mediterrane Welt von Schwarzafrika. Extreme Trockenheit, große Hitze und große tageszeitliche Temperaturschwankungen sind typisch für das Klima der Sahara. Die Sahara besteht nur zu rund 10 % aus Sandwüsten mit aufgewehten Dünen, der Großteil ist von Steinen und Felsen bedeckt (Kies- und Felswüsten). Sahara kommt vom arabischen „*sahra*" für „Wüste". Sahara ist die Mehrzahl von „sahra" und bedeutet demzufolge „Wüsten".

KOHL VERLAG WÜSTEN & STEPPEN DER ERDE Sekundarstufe – Bestell-Nr. 12 947

6 Wüsten und deren Kontinente

Die Wüste **Namib** ist im Vergleich zur Sahara eine kleine Wüste. Namib ist eine Küsten-Wüste und umfasst ca. 95.000 km². Sie liegt zum größten Teil auf dem Gebiet von Namibia und Angola. Die südliche Grenze bildet der Oranje-Fluss, im Norden erstreckt sich die Namib bis nach Angola hinein. Die Namib wird häufig als die älteste Wüste der Erde bezeichnet. Brütendheiß am Tag, eiskalt in der Nacht, wenig Wasser, wenig Nahrung – die Namib-Wüste im südlichen Afrika ist ein lebensfeindlicher Ort. 31.000 km² der Wüste wurden unter dem Namen "Namib Sand Sea" zum Weltnaturerbe ernannt.

Namibgecko

Der **Namibgecko**, auch **Schwimmfußgecko** genannt, kommt ausschließlich in der Wüste Namib vor. Die Zehenzwischenräume sind mit einer „Schwimmhaut" ausgestattet, so dass er durch den lockeren Sand laufen kann, ohne einzusinken.

Im Zentrum des südafrikanischen Kontinents liegt die **Kalahari**.
Die Kalahari ist eine **Dornstrauchsavanne**, wird aber wegen des vorherrschenden Sandes als Wüste bezeichnet. Sie umfasst eine Fläche von 930.000 km² und liegt beidseitig des südlichen Wendekreises. Der Kernbereich der Kalahari liegt im östlichen Namibia und in Botswana. Manche Gebiete der Kalahari können als Halbwüste bezeichnet werden. Der größte Teil zählt aber zur Dornbusch- und Trockensavanne (mit Akazien), und im Norden findet man sogar Mopane-Wälder. Die Niederschlagsmengen von 150-250 mm und im Norden sogar von 500 m sind natürlich nicht typisch wüstenhaft. Aufgrund der hohen Wasserdurchlässigkeit des Kalaharisandes versickert der oft heftige Regen schnell. Die zeitweise vorhandenen Wasserflächen ermöglichen riesigen Tierherden das Leben und Überleben.

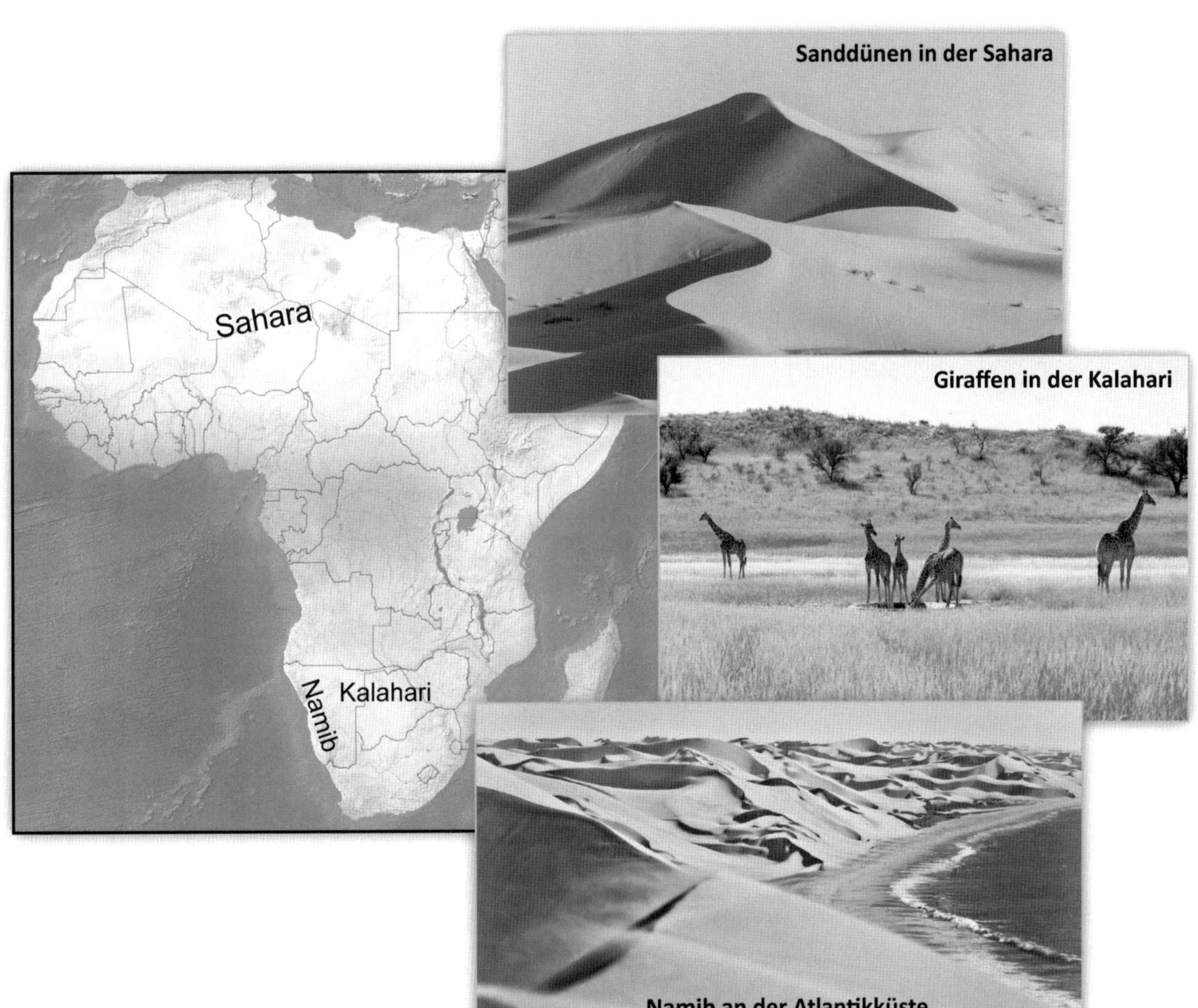

Sanddünen in der Sahara

Giraffen in der Kalahari

Namib an der Atlantikküste

KOHL VERLAG
WÜSTEN & STEPPEN DER ERDE
Sekundarstufe – Bestell-Nr. 12 947

6 Wüsten und deren Kontinente

Wüsten in Asien:

Asien als der größte Kontinent der Erde weist die zweitgrößte Fläche von Wüsten und Halbwüsten auf. Die Trockengebiete reichen von der Sinai-Halbinsel im Westen bis zur Wüste Gobi im Osten, sodass ihre Zuordnung bzw. Einteilung manchmal Schwierigkeiten bereitet. Es folgt die Zuordnung der Wüsten nach Regionen, z. B. „Wüsten in Zentralasien" oder „Wüsten auf der Arabischen Halbinsel und in Vorderasien".

Wüsten in Zentralasien: Gobi – Taklamakan – Thar

Die Wüste **Gobi** ist mit einer Fläche von 1.300.000 km² die fünftgrößte Wüste der Erde und erstreckt sich über die Grenzen Nordchinas und der südlichen Mongolei. Im Norden erstreckt sie sich bis Sibirien und im Süden fast bis zur Chinesischen Mauer. Sie umfasst große Gebiete der Mongolei. Die Wüste Gobi ist wie ein gewaltiges Becken geformt. Sein trockenes Klima ist auf seine Lage im Regenschatten gewaltiger Gebirgszüge (Himalaja) zurückzuführen, die die feuchten Wolken abfangen, bevor sie die Gebiete der Gobi erreichen. In den Binnenwüsten wie z. B. der Gobi gibt es ausgeprägte Jahreszeiten, so sind in der Wüste Gobi schon Temperaturen von –40 °C gemessen worden, im Sommer steigen sie auf +40 °C. Das Wort „Gobi" bedeutet in der mongolischen Sprache „groß und trocken".

Die **Taklamakan-Wüste** liegt in der Mitte des asiatischen Kontinents und ist die am weitesten von einem Ozean entfernte Wüste. Die Taklamakan erstreckt sich über eine Fläche von 360.000 km² und ist einer der heißesten und trockensten Orte auf der Erde. Keine andere Wüste ist tödlicher: Temperaturen von +50 °C am Tag, –20 °C in der Nacht. Von Februar bis Juni wütet alle paar Tage der Kara Buran, der „Schwarze Sandsturm".

Die **Thar** (auch große Indische Wüste) ist eine Sandwüste, die zahlreiche dünn bewachsene Dünen hat. Sie erstreckt sich über eine Fläche von 240.000 km². Die Dünen können bis zu 150 m hoch werden. Sie liegt in Vorderindien im Gebiet von Rajasthan östlich des unteren Indus.

KOHL VERLAG WÜSTEN & STEPPEN DER ERDE Sekundarstufe – Bestell-Nr. 12 947

6 Wüsten und deren Kontinente

Wüsten auf der Arabischen Halbinsel und in Vorderasien (Westasien): Rub al-Chali – Ad-Dahna – Nefud – Lut – Karakum – Kysylkum

Die **Rub al-Chali** ist mit 650.000 km² die größte Sandwüste der Erde und bedeckt das südliche Drittel der Arabischen Halbinsel, dehnt sich auch im Jemen und im Oman aus. Diese Wüste ist weitgehend unerforscht und wird von bis zu 300 m hohen Sanddünen bedeckt. Rub al-Chali ist eine Wendekreiswüste. Die Temperaturen können innerhalb eines Tages zwischen dem Gefrierpunkt und bis zu 60 °C schwanken.
Die Schotter- und Kieswüste **Ad-Dahna** erstreckt sich über eine Fläche von 130.000 km² und verbindet die beiden Wüstenbereiche Nefud und Rub al-Chali. Die Ad-Dahna ist der zentrale Teil der Arabischen Wüste
Nördlich der Rub al-Chali breitet sich die Wüste **Nefud** mit einer Fläche von 111.000 km² aus. Sie ist überwiegend von rotem Sand bedeckt. Typisch für Nefud sind ihre starken, plötzlichen Winde, die zu starker Dünenbildung von bis zu 180 m führen. In der Nefud-Wüste, die zu Saudi-Arabien gehört, fand man den bislang ältesten Nachweis von Menschen auf der Arabischen Halbinsel: Die Steinwerkzeuge sind rund 400.000 Jahre alt – und damit etwa 100.000 Jahre älter als der bislang früheste Nachweis des *Homo sapiens* überhaupt.
Die **Wüste Lut** ist eine Wendekreiswüste und erstreckt sich über eine Fläche von 280.000 km². Sie liegt im Südosten der Islamischen Republik Iran und zählt zu den heißesten Orten auf der Erde. Eine Bodenmessung im Sommer 2005 per Satellit ergab 70,7 °C. Im Süden und Osten der Wüste sind riesige, bis zu 475 m hohe Sanddünen zu finden, die zu den höchsten Dünen der Welt zählen.
Karakum bedeutet übersetzt so viel wie „schwarzer Sand". Die Wüste mit einer Fläche von 400.000 km² liegt im Herzen von Zentralasien und fast ganz auf dem Gebiet von Turkmenistan. Nur die nördlichen Randgebiete gehören zu Usbekistan. Der Fluss Amudarja bildet die nordwestliche Begrenzung der Wüste. Es gibt hier extreme Temperaturschwankungen, zwischen 0 °C im Winter und bis zu 50 °C im Sommer. Turkmenistan und somit auch die Karakum (Schwarze Wüste) sind durch vornehmlich trockenes Klima gekennzeichnet, Regenfälle findet man im gesamten Land eher selten.
Die **Kysylkum** („roter Sand") ist eine Sandwüste mit einer Fläche von 200.000 km² zwischen den Flüssen Syrdarja und Amudarja. Im Altertum führte die Große Seidenstraße durch diese Wüste (durch Städte wie Samarkand und Buchara). Die Wüste Kysylkum hat Juli-Temperaturen von 26 bis 29 °C und Januar-Temperaturen von 0 bis –9 °C.

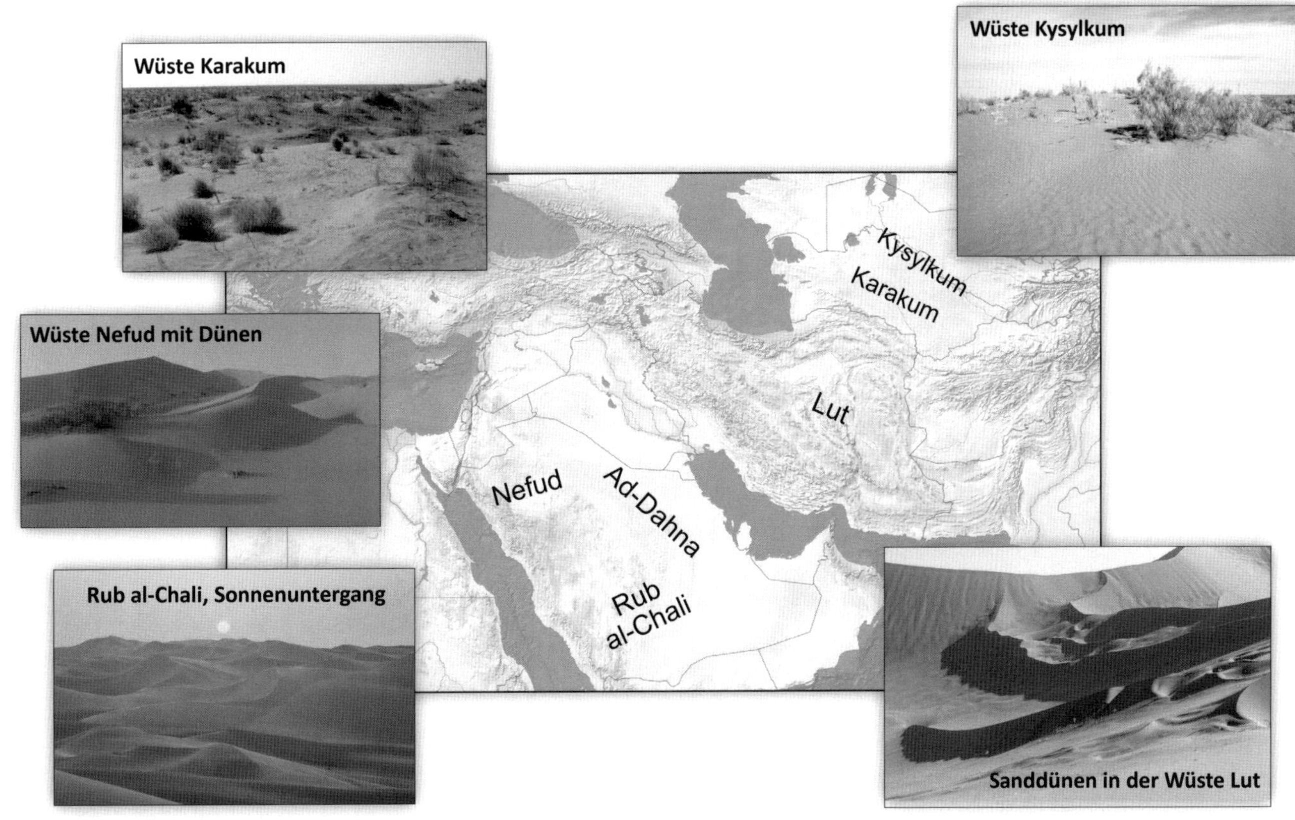

WÜSTEN & STEPPEN DER ERDE Sekundarstufe – Bestell-Nr. 12 947
KOHL VERLAG

6 Wüsten und deren Kontinente

Wüsten in Nordamerika:
Sonora-Wüste – Mojave-Wüste – Chihuahua-Wüste – Großes-Becken-Wüste

In Nordamerika liegen mit der „Sonora Desert“, der „Mojave Desert“, der „Chihuahua Desert“ und der „Great Basin Desert“ vier Wüstengebiete.

Saguaro-Kaktus, Wüste Sonora

Die **Sonora-Wüste** erstreckt sich über eine Fläche von 320.000 km² und umfasst die Südostspitze von Kalifornien, den Südwesten von Arizona, rund die Hälfte des mexikanischen Bundesstaats Sonora sowie fast die gesamte Halbinsel Baja California. Dieses Gebiet ist mit Sommertemperaturen über 38 °C eines der trockensten und heißesten in Nordamerika. Die Winter sind mit Januartemperaturen zwischen 10 und 16 °C mild.
Die Sonora-Wüste beheimatet die großen und streng geschützten Kandelaberkakteen (Saguaros) sowie viele weitere Kakteen-Arten. Das Wahrzeichen der Sonora-Wüste ist aber der Saguaro mit seinen nach oben ragenden Armen. Die säulenförmigen Gewächse sind lebende Wasserspeicher. In der Sonora-Wüste leben Vögel (Spatzen, Spechte, Tauben, Wachteln) und Säugetiere (Kojoten, Füchse, Nagetiere, Hasen und Kaninchen), von denen viele unterirdische Höhlen bewohnen, die perfekt von der Außenwelt isoliert sind und damit vor Hitze und Sonne, aber auch vor Kälte und Dürre schützen.

Josua-Palmlilie in Mojave-Wüste

Die **Mojave-Wüste** erstreckt sich über eine Fläche von 124.000 km² und liegt im Westen Nordamerikas. Sie bedeckt Teile des Südostens von Kalifornien, den Süden von Nevada, den Nordwesten von Arizona und den Südwesten von Utah. Sie grenzt im Norden an die Großes-Becken-Wüste und im Süden an die Sonora-Wüste. Die Mojave mit dem berühmten „Death Valley“ ist eine Regenschattenwüste. Diese Wüsten werden von den feuchten Luftmassen der Ozeane nicht erreicht. Die Wüste wurde nach dem Indianervolk der Mojave benannt. Die relativ nördliche Lage und große Höhe der Mojave-Wüste machen sie zu einer der kühleren Wüsten des Landes. Typisch für die Mojave-Wüste ist die Josua-Palmlilie (engl. „Joshua Tree“). Dieses Agavengewächs kommt nur in dieser Wüste vor.

Texas-Klapperschlange

Die **Chihuahua-Wüste** ist nach dem gleichnamigen Staat in Mexiko benannt. Die Chihuahua-Wüste liegt im Grenzgebiet der USA und Mexiko und erstreckt sich über eine Fläche von ca. 647.500 km², von der etwa 90 % in den mexikanischen Bundesstaaten Chihuahua und Coahuila liegen. Die Chihuahua-Wüste ist die größte und biologisch vielfältigste Wüste Nordamerikas. Eidechsen, Schlangen, z. B. die Texas-Klapperschlange, Geckos und Landschildkröten leben hier.

KOHL VERLAG WÜSTEN & STEPPEN DER ERDE Sekundarstufe – Bestell-Nr. 12 947

6 Wüsten und deren Kontinente

Wüsten in Nordamerika (Fortsetzung): Sonora-Wüste – Mojave-Wüste – Chihuahua-Wüste – Großes Becken-Wüste

Das Große Becken, das in Amerika als „Great Basin“ bezeichnet wird, liegt hauptsächlich in Nevada, beinhaltet aber auch noch andere Bundesstaaten wie Utah. Im großen Becken liegt die **Großes-Becken-Wüste** („Great Basin Desert“), eine 492.100 km² große Wüste, das entspricht in etwa der Größe Spaniens. Die „Great Basin Desert“ schließt sich nördlich an die Mojave-Wüste an. Sie erstreckt sich über das nordöstliche Kalifornien, den größten Teil Nevadas und Teile des südöstlichen Oregons. Ursprünglich war die „Great Basin Desert“ eine Heimat der indianischen Ureinwohner. Da diese Wüste weit nördlich und auf einer Höhe von bis 2000 m liegt, wird sie auch als „Kalte Wüste“ bezeichnet. Der Niederschlag beträgt in dieser Wüste zwischen 18 und 30 cm im Jahr pro Quadratmeter, im Winter fällt manchmal sogar Schnee, was den Status einer Wüste aber nicht revidiert (es gibt sehr wenig Niederschlag, die Antarktis ist schließlich auch eine Wüste).

Wüsten und deren Kontinente

Wüsten in Südamerika: Atacama-Wüste – Patagonische Wüste

Die Wüsten Südamerikas liegen entlang der sog. südamerikansichen Trockendiagonale, die sich über 5000 km von Nordperu bis weit an die patagonische Atlantikküste erstreckt.

Die **Atacama-Wüste** zählt zu den sog. Küstenwüsten und erreicht eine Höhe von bis zu 6000 m. Die Atacama-Wüste gilt als die trockenste Wüste der Welt (außerhalb der Polargebiete). In manchen Gebieten der Atacama hat es schon seit Jahren nicht mehr geregnet. Der Grund für diese Trockenheit ist der aus der Antarktis heraufziehende Humboldtstrom, der das Meer auf 12 °C abkühlt; dann kann die kühle Luft über dem Meer nicht aufsteigen – Wolken und Regen bleiben aus.

Vicunas in der Atacama-Wüste

Manche Wissenschaftler beschränken die Atacama nur auf chilenisches Staatsgebiet und sehen in der **Peruanischen Küstenwüste** eine eigenständige Wüste. Jedoch viele Geographen sehen die Peruanische Küstenwüste als Teil der Atacama-Wüste. Dieser Meinung schließen wir uns an, weil die klimatischen Verhältnisse ähnlich sind, d. h. die Atacama beginnt in Nordperu und zieht sich über 3700 km hinweg nach Süden.

Die **Patagonische Wüste** prägt, neben den Südanden, die Landschaft Patagoniens. Die Patagonische Wüste erstreckt sich über den Süden Argentiniens. Sie verläuft entlang der Anden bis runter nach Feuerland. Im Norden grenzt sie an die Pampa, im Westen an die Südanden und im Osten an den Atlantischen Ozean. Die Patagonische Wüste ist durch Trockenheit geprägt. Es herrscht eine mittlere Jahrestemperatur von ca. 12 °C.

6 Wüsten und deren Kontinente

Wüsten in Australien: Große Victoriawüste – Gibsonwüste – Große Sandwüste – Simpsonwüste

Australien wird häufig als der trockenste aller Kontinente bezeichnet. 80 % der Fläche Australiens, insgesamt 7.703.850 km², sind **semiarid**[1] oder **arid**[2]. Alle Wüsten Australiens gehören zu den Wendekreiswüsten.

Dornteufel in der Großen Victoriawüste

Die **Große Victoriawüste** liegt in West- und Südaustralien. Sie ist mit einer Fläche von rund 348.750 km² die größte australische Wüste. Typisch für diese Wüste sind Sanddünen (halbmondförmig), Grasland und Salzseen. Hier leben Dingos, Riesenwarane und Dornteufel, auch einige Siedlungen der Aborigines liegen hier.

Die **Große Sandwüste** liegt im Nordwesten von Australien. Sie hat eine Fläche von 275.000 km² und befindet sich im Bundesstaat „Western Australien". In der Großen Sandwüste lebten vor der europäischen Kolonisation die Aborigines als Jäger und Sammler.

Die **Gibsonwüste** liegt im Bundesstaat „Western Australien" und hat eine Fläche von 156.300 km². Im Westen der Gibsonwüste befindet sich ein großer Salzsee – der Lake Disappointment. In der Gibsonwüste sind die bekannten Roten Riesenkängurus zu Hause.

Die **Simpsonwüste** liegt zum größten Teil im „Northern Territory" und erstreckt sich über eine Fläche von 176.500 km². Die jährliche Niederschlagsmenge beträgt weniger als 150 mm. Die Tagestemperaturen können in den Sommermonaten bis auf 50 °C steigen.

Der „Gary Highway" führt durch die Gibsonwüste und die Große Sandwüste.

Rote Sanddüne in der Simpsonwüste

Große Sandwüste

Gibson-wüste

Simpson-wüste

Große Victoriawüste

Rotes Riesenkänguru – Gibsonwüste

Dingo – Große Victoriawüste

1 In Gebieten mit semiaridem Klima ist die Menge des Niederschlags niedriger als die potentielle Verdunstung.
2 In Gebieten mit aridem Klima ist die Menge des Niederschlags viel niedriger als die potentielle Verdunstung.

WÜSTEN & STEPPEN DER ERDE
Sekundarstufe – Bestell-Nr. 12 947
KOHL VERLAG

6 Wüsten und deren Kontinente

Aufgabe 1: 

Trage die Namen der drei großen Wüsten in Afrika auf der Karte ein.

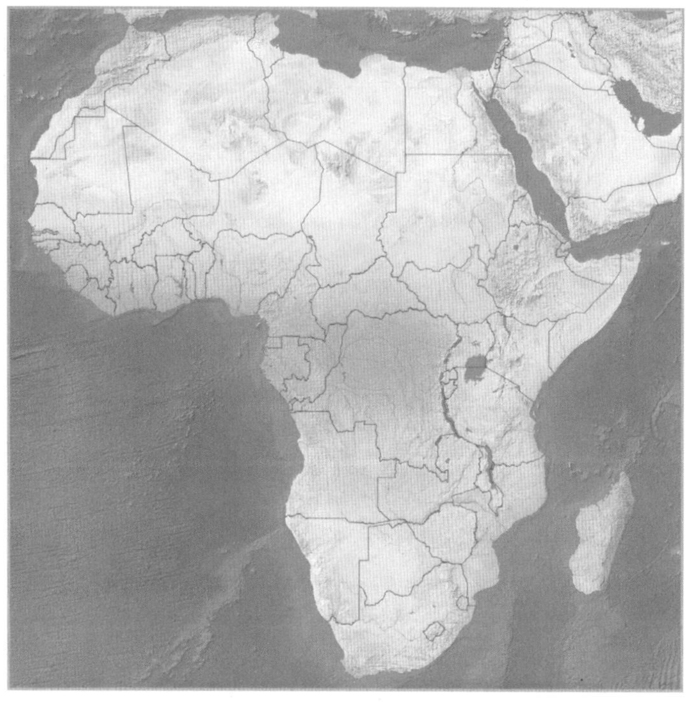

Aufgabe 2: 

Welche Wüste in Afrika ist hier abgebildet? Nenne den Namen und die Fläche in km². In welchen Ländern liegt diese Wüste?

Aufgabe 3: 

Wie heißen diese Tiere und in welcher Wüste Afrikas leben sie? Nenne die Fläche dieser Wüste in km². In welchen Ländern liegt diese Wüste?

WÜSTEN & STEPPEN DER ERDE
Sekundarstufe – Bestell-Nr. 12 947
KOHL VERLAG

7 Wüstenarten

Einteilung – nach geografischer Lage – nach Bodenbeschaffenheit

Hinweise: Die Einteilung bzw. Zuordnung von Wüsten ist etwas kompliziert, da man sie nach unterschiedlichen Gesichtspunkten einteilen und unterscheiden kann. Die meisten Wüsten sind sehr groß, deshalb können sie häufig auch (zerteilt) mehreren Wüstentypen zugeordnet werden. So gibt es z. B. in der Sahara sowohl Gebiete mit Sand als auch welche mit Kiesel, in der Kalahari-Wüste gibt es Bereiche mit Sand und auch andere Gebiete mit Steinen.

Einteilung nach geografischer Lage

Wendekreiswüsten (= Wüsten nahe am Äquator)
Wendekreiswüsten werden die Wüsten genannt, die sich zu beiden Seiten des Äquators im Bereich des nördlichen und südlichen Wendekreises, bei ca. 23.5°, befinden, z. B. die Sahara und die Kalahari. Auch die Wüsten der Arabischen Halbinsel, die Lut im Iran und die Thar in Indien sowie die australischen Wüsten sind Wendekreiswüsten. Auf fast allen Kontinenten befinden sich in dieser Zone ausgedehnte Wüstengebiete. Wendekreiswüsten nehmen die größte Fläche unter allen Wüsten der Erde ein.
Diese Wüsten liegen in den Bereichen der Wendekreise, d. h. dort wo die Sonne auf ihren scheinbaren Wanderungen über die Erdkugel im Juni bzw. Dezember ihre Richtung ändert. Die Wendekreise markieren die Grenzen des Bereichs, in dem die Sonnenstrahlen senkrecht auf die Erde treffen können.

Erklärung für das Entstehen dieser Wendekreiswüsten:
Die am Äquator erwärmte Luft steigt nach oben, kühlt sich dabei ab, es bilden sich Wolken und es regnet bereits am Äquator. Die Luft wird also wieder trocken, steigt weiter auf und wird durch den Wind in Richtung der Pole zunächst bis zu den Wendekreisen bewegt. Dort sinkt die trockene Luft wieder ab, dabei lösen sich die Wolken auf und es gibt keinen Regen.

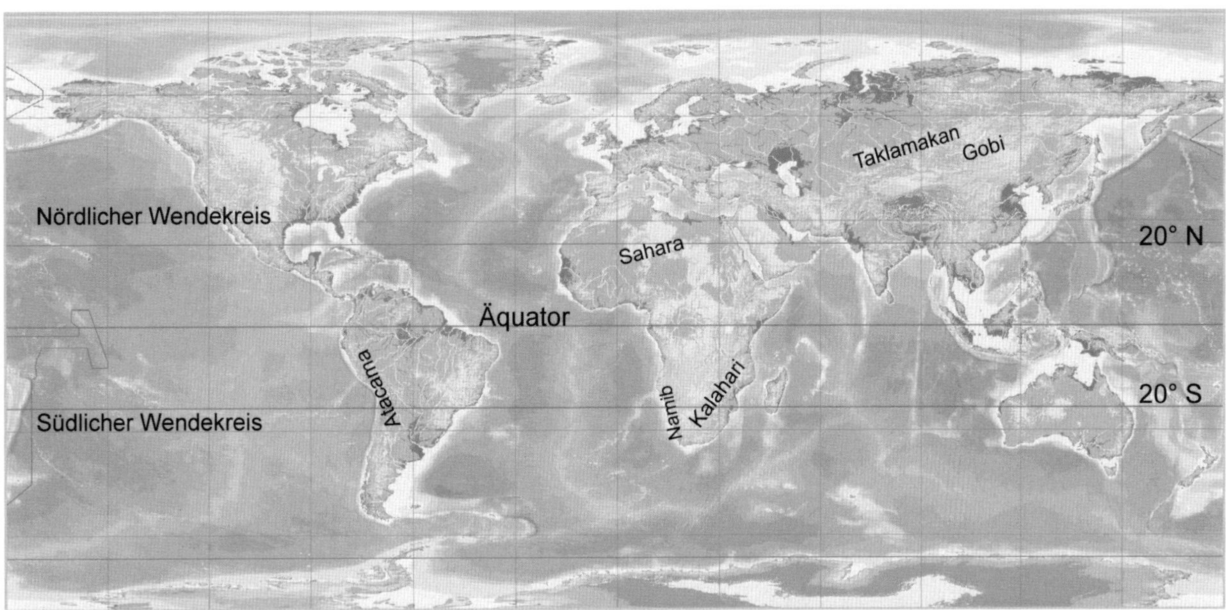

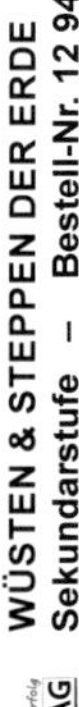

7 Wüstenarten

Küstenwüsten (= Nebelwüsten) (= Wüsten direkt am Meer)
Sie liegen an den Westküsten der Kontinente, denn hier kommt der Wind vom Meer. Er bringt Nebel, deshalb werden Küstenwüsten auch „Nebelwüsten" genannt. Weltweit gibt es drei typische Küstenwüsten: die Namib an der Küste von Südwestafrika, die Atacama an der chilenischen und peruanischen Küste und der Teil der Sonora-Wüste, der auf der Baja California entlang der Pazifikküste liegt.

Durch polare Meeresströmungen ist das Wasser an den Küsten besonders kalt. Die Luft, die sich direkt über dem Wasser befindet, kühlt ab und sinkt. Die warme Luft, die von der Landfläche zum Meer zieht, lagert sich dann über die kalte Meeresluft (warme Luft steigt nach oben). Dadurch ist die kalte Luft eingeschlossen und kann nicht weiter aufsteigen, es können sich keine Wolken bilden. Das führt dazu, dass es in diesen Küstengebieten nicht regnet und sehr trocken ist.

Nebelbank in der Wüste Namib

Atacama-Wüste

Binnenwüsten (= Kontinentalwüsten) (= Wüsten weit weg vom Ozean)
Sie entstehen, wenn sie weit weg vom Meer liegen oder von Gebirgen umgeben sind. Der Regen erreicht die Wüste nicht, weil der Regen schon vorher niederfällt.

Binnenwüsten befinden sich südlich der südlichen oder nördlich der nördlichen Wendekreise. Bekannte Binnenwüsten sind die Wüste Gobi in der Mongolei, die Taklamakan in China und die *Great Basin Desert* in den USA. Fast alle Binnenwüsten liegen in Zentralasien, so auch die Wüsten Karakum und Kysylkum in Turkmenistan, Usbekistan und Kasachstan.

Gobi-Felsformation in der Mongolei

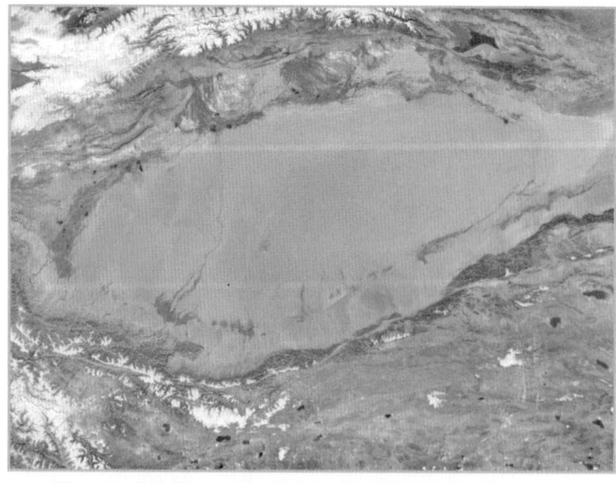
Satellitenaufnahme des Tarim-Beckens mit der Taklamakan-Wüste

KOHL VERLAG WÜSTEN & STEPPEN DER ERDE Sekundarstufe – Bestell-Nr. 12 947

Wüstenarten

Einteilung nach Bodenbeschaffenheit

Trocken- und Hitzewüsten können nach ihrer Oberflächenstruktur, also den Eigenschaften des Bodens unterschieden werden.

Sandwüste (Erg) – Kieswüste (Serir) – Stein-/Felswüste (Hammada) – Salzwüste

Sandwüsten

Sandwüsten sind heiße, vegetationslose Trockenwüsten, deren Oberfläche überwiegend aus Quarzsand besteht, der durch die Bodenerosion einer Kieswüste entstand oder aus anderen Regionen herbeigeweht wurde. Häufig wird das Wort Wüste mit einer Sandwüste gleichgesetzt, obwohl die Sandwüsten nur etwa 20 % der Wüstenfläche der Erde – und auch der Sahara – einnehmen. Sandwüsten werden im Arabischen Erg genannt.

Rub al-Chali

Typisch für Sandwüsten ist die extreme Hitze, mit Temperaturen, die im Sommer auf 55 °C steigen können. In der Nacht hingegen können die Temperaturen auf –10 °C fallen, weil der Sand die Wärme nur oberflächlich speichert und bei fehlender Sonnenwärme schnell wieder auskühlt. Sandwüsten weisen häufig hohe Dünen mit wellenartigen Mustern auf, die durch Windströmungen zustande kommen, weil der Wind konstant aus derselben Richtung kommt und die Dünen formt. Sanddünen entstehen durch Wind und ablagernden Flugsand.
Die größte Sandwüste der Erde liegt in Saudi-Arabien und heißt Rub al-Chali. Die Sandwüste bedeckt eine Fläche von 680.000 km² und besteht weitestgehend aus Sanddünen. Die zweitgrößte ist die Taklamakan-Wüste.

Kieswüsten

Wenn die Oberfläche hauptsächlich mit einer großen Menge Kies bedeckt ist, spricht man von einer Kieswüste. Kieswüsten bestehen hauptsächlich aus kleinem Kies, der teilweise mit wenigen Sandkörnern bedeckt ist. Kieswüsten entstehen meistens aus Stein- oder Felswüsten. Durch die großen Temperaturunterschiede zerbrechen größere Steine zu kleinen Steinen und schließlich zu Kieselsteinen. Auch große Teile der Sahara sind Kieswüsten. In der Westsahara heißen diese Reg, in der Zentralsahara nennt man sie Serir. Die Sahara besteht zur Hälfte aus Kieswüsten (50 %), 30 % sind Stein- oder Felswüsten und nur 20 % sind Sandwüsten.

Kiesel in der Sahara

Stein- oder Felswüsten

Unter einer Steinwüste versteht man die Ansammlung von Steinen und Felsen. Einige Teile der Sahara sind Steinwüsten. Die Oberfläche dieser Wüstenart ist mit kantigem, blockigem Schutt- oder Felsmaterial bedeckt. Aufgrund der physikalischen Verwitterung entstehen Gesteinsbruchstücke von Faust- bis Kopfgröße. Stein- oder Felswüsten nennt man auch Hammada (von arab. *hammada* = die Unfruchtbare). Meistens liegen diese Wüsten auf Hügeln oder Hochflächen.

Steinwüste in Marokko

Salzwüsten

Salzwüsten sind trockene Gebiete, die von einer dicken Salzschicht überzogen sind. Diese Art Wüsten werden in Algerien und Tunesien als Schott und in der Zentral- und der Ostsahara als Sebkha bezeichnet.

Salzwüsten entstehen häufig in Senken oder in der Nähe von Bergen, weil hier das Wasser nicht abfließen kann. Wenn aus den Bergen salzhaltiges Wasser in die Senke fließt, verdunstet es mit der Zeit und es bleibt eine Salzkruste zurück. Zu den Salzwüsten gehören die Salar de *Uyuni* in Bolivien und die *Great Salt Lake Desert* in den USA.

Salzwüste Salar de Uyuni

7 Wüstenarten

Polare Eiswüsten

Eiswüsten sind Gebiete auf der Erde, die dauerhaft mit Schnee und Eis bedeckt sind. Eiswüsten sind extrem kalt und gleichzeitig sehr trocken. Durchschnittlich herrschen dort Temperaturen von –40 bis –20 °C. Die kaum vorhandene Vegetation ist der Grund, warum die Eiswüsten überhaupt als Wüsten bezeichnet werden.
Die großen Eiswüsten liegen am Nord- und Südpol. Deshalb nennt man sie auch polare Eiswüsten. Sie fallen damit auch zugleich in die Einteilung nach geografischer Lage (*siehe Kapitelanfang*).

Die polare Eiswüste am Südpol = Antarktis

Damit ist der gesamte Südpol und das Südpolarmeer gemeint. Es handelt sich um die kälteste, trockenste und windigste Ecke der Welt. Man spricht auch vom sechsten Kontinent Antarktika.

- Wer das Eis betritt, hat an vielen Stellen festen Boden unter den Füßen. Denn unter dem durchschnittlich 2200 m dicken Eismantel liegt Festland.
- Die Antarktis ist 40-mal größer als Deutschland, sie ist die größte Eiswüste der Welt.
- Die Antarktis ist durch den Antarktisvertrag von 1959 ein staatsfreies Gebiet, das nur zu friedlichen Zwecken sowie wissenschaftlichen Forschungen genutzt werden darf.
- Kein Säugetier und auch kein Vogel bewohnt dauerhaft diese Wüste aus Eis.
- In den Meeren und an den Küsten der Antarktis sind vier Pinguinarten heimisch: Neben Kaiserpinguinen sind das Adeliepinguine, Eselspinguine und Zügelpinguine, die aufgrund einer dicken Fettschicht, dichtem Gefieder und schlecht durchbluteten Fußsohlen die Minusgrade überstehen.

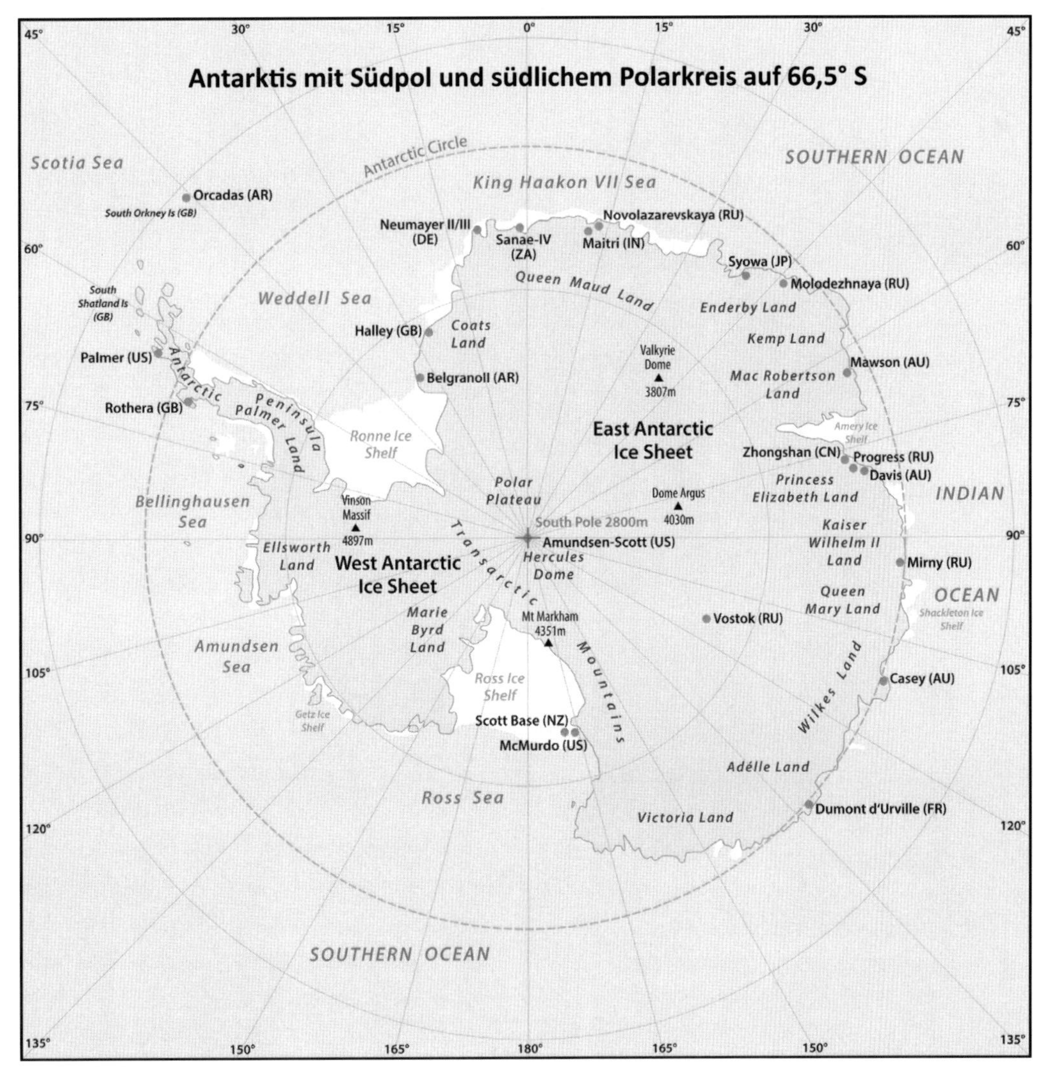

7 Wüstenarten

Die polare Eiswüste am Nordpol = Arktis

Damit ist die nördliche Polkappe sowie das Nordpolarmeer gemeint. Die Arktis ist kein Kontinent, weil sich im Zentrum des Nordpols der arktische Ozean befindet, der jedoch permanent zugefroren ist – das Eis ist hier bis zu 4 m dick.

- Im nördlichsten Teil der Arktis herrscht eisiges Klima. Dieses Gebiet gilt als lebensfeindlichstes Gebiet der Erde. Etwas weiter südlich schmilzt das Eis im Sommer und ermöglicht Pflanzen und Tieren etwas bessere Lebensbedingungen. Eisbären, Robben und Moschusochsen haben hier ihren Lebensraum.
- In den Gewässern gibt es Wale (Blauwal, Finnwal, Buckelwal, Zwergwal) und Fische. Krill und Plankton dienen als Nahrungsquelle und stehen am Anfang der Nahrungskette.

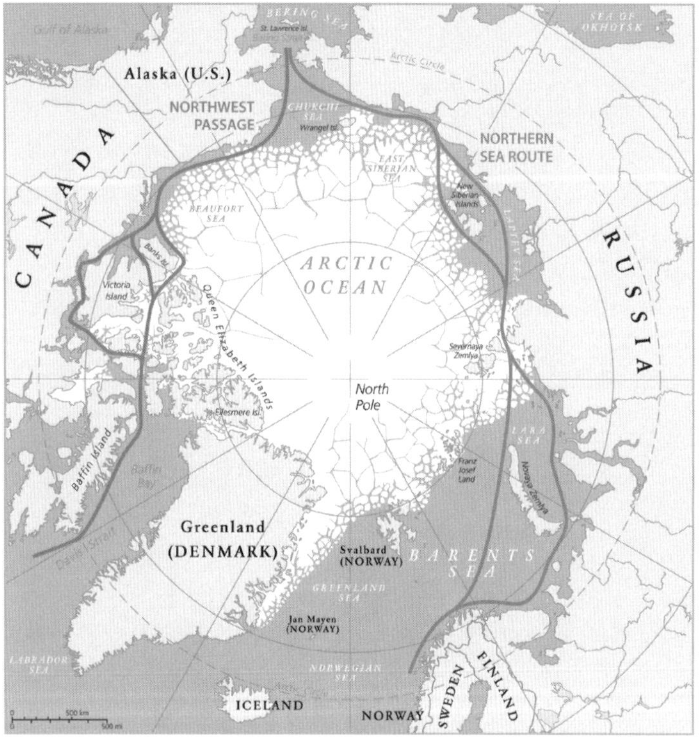

Arktis mit Nordpol und nördlichem Polarkreis auf 66,5° N, Arktischer Ozean

Eisbär

Moschusochse

Aufgabe 1: 

Was versteht man unter einer Wendekreiswüste?

Aufgabe 2: 

Was ist typisch für eine Sandwüste?

Aufgabe 3: 

Welche Wüstenarten sind hier abgebildet?

a) 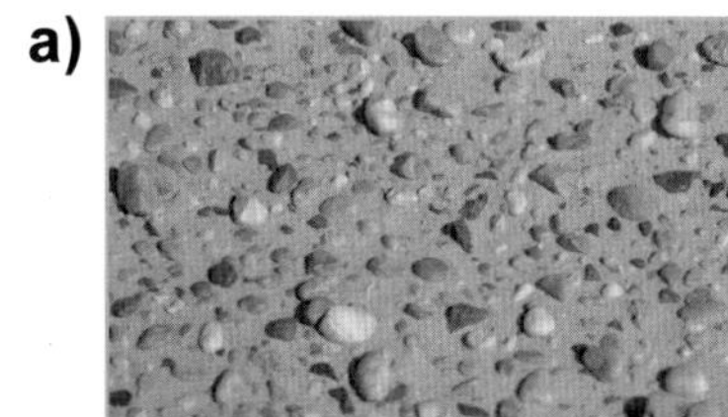

b) 

c) 

8 Was ist eine Steppe?

Begriff – Merkmale – Lage/Klimazone – Pflanzen/Tiere – Schutz von Steppen – Versteppung

Steppen sind, einfach ausgedrückt, trockene Grasländer. Sie sind weitgehend baumlos, flach, niederschlagsarm und liegen in der gemäßigten Klimazone.

Als **Steppe** (von russ. степь) wird eine **semiaride**[1] nahezu baumlose Gras- und Buschlandschaft in der gemäßigten Zone beiderseits des Äquators bezeichnet. Die Summen der Niederschläge liegen zwischen 250 und 500 mm. Für Bäume reichen diese Niederschläge (das Wasserangebot) nicht aus, sie würden im Sommer vertrocknen. Die Steppen Eurasiens, die nordamerikanischen Prärien und die südamerikanischen Pampas werden von Forschern als sogenannte „trockene Mittelbreiten" zusammengefasst.

Die **gemäßigten Zonen** (= Mittelbreiten) liegen auf beiden Erdhalbkugeln jeweils zwischen dem 40. und dem 60. Breitengrad. Damit ist sie die Klimazone, die zwischen der subtropischen Zone (Jahresmitteltemperatur über 20 °C) und der subpolaren Zone (im wärmsten Monat Mitteltemperatur unter 10 °C) liegt. Man spricht auch von den gemäßigten Breiten oder dem gemäßigten Klima.

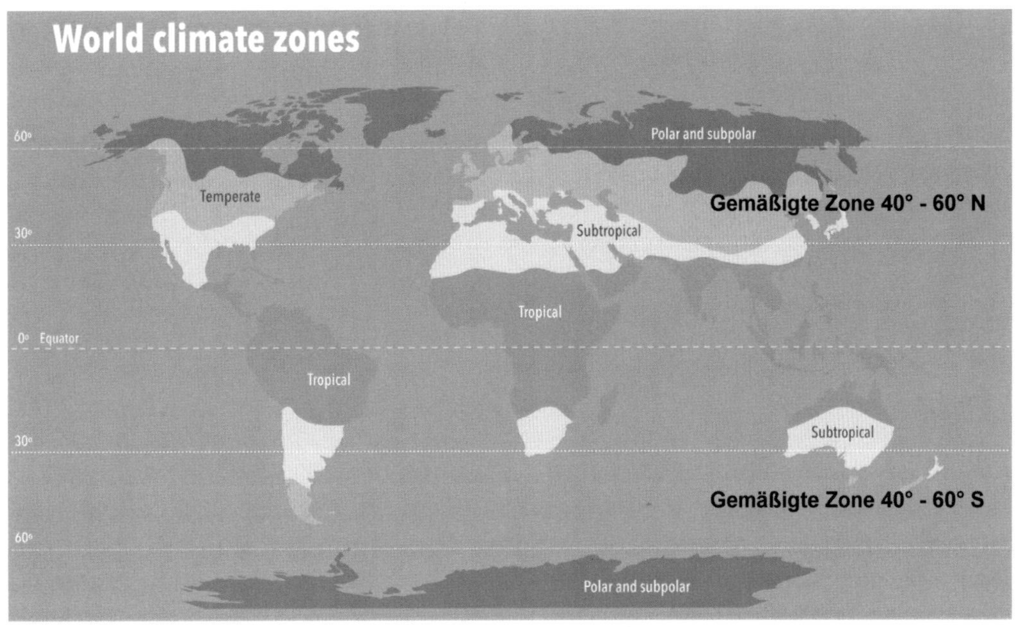

- Steppenlandschaften weisen eine sommerliche Trockenheit und eine lange Kälteperiode im Winter auf.
- Steppen haben regional unterschiedliche Namen, z. B. Steppe, Prärie, Pampa oder Veld.
- Das Erscheinungsbild von Steppen ist recht unterschiedlich, es reicht von fast wüstenartigen unfruchtbaren und trockenen Steppen bis zu mit Wäldern vermischten Grasfluren.
- Eine Steppe ist eine bestimmte Art von Grünland. Sie sind trockener und kälter als andere Grasfluren.
- Steppen sind oft eine Zwischenzone zwischen Wäldern und Wüsten.
- Steppen liegen weiter weg vom Äquator als Savannen. Weiter weg vom Äquator steht auch für kältere Bedingungen.
- Savannen sind wärmer als Steppen und werden manchmal auch als „tropisches Grasland" bezeichnet. Sie liegen in der Regel zwischen einem tropischen Regenwald und Wüsten. Savannen liegen näher am Äquator und sind wärmer als Steppen.

1 In Gebieten mit semiaridem Klima übersteigt in 6-9 Monaten pro Jahr die Verdunstung den Niederschlag. Semiarid ist eine Bezeichnung für Gebiete, die durch das Auftreten einer markanten Trockenzeit geprägt sind, jedoch im Jahresverlauf auch etwa 3-5 feuchte Monate haben.

8 Was ist eine Steppe?

Steppenklima

Typische Merkmale sind kontinentales Klima mit kalten Wintern und warmen bis heißen und trockenen Sommern, die einen Verdunstungsüberschuss aufweisen. Extreme Temperaturen und Trockenheit sind die Gründe dafür, dass in natürlichen Steppenlandschaften Bäume fast völlig fehlen. Steppen entstehen bei durchschnittlichen Sommertemperaturen von 24 °C und Wintertemperaturen von –10 °C bei unzureichender Feuchtigkeit (= 250-450 mm Jahresniederschlag).

In der nordamerikanischen Prärie und mehr noch in den weiten Steppengebieten Innerasiens herrscht ein zum Teil extrem kontinentales Klima mit trockenen, heißen Sommern und strengen Wintern. Die großen Unterschiede zwischen den Jahreszeiten geben den Lebensrhythmus in der Steppe vor. Steppen entstehen dort, wo die Vegetationszeit aufgrund von sommerlicher Trockenheit und winterlicher Kälte kürzer als 120 Tage ist und sich deshalb kein Wald entwickeln kann.

Prärie Nordamerikas

Siedlung in mongolischer Steppe

Fünf bis über sieben Monate herrschen monatliche Mitteltemperaturen von über 10 °C. Die Jahresmitteltemperatur liegt zwischen 4 und 12 °C, da jedoch die Feuchtigkeitssituation der bestimmende Faktor ist, kommen Steppen auch in wesentlich kälteren und wesentlich wärmeren Gebieten vor. Die Vegetationsdecke von Steppen ist in der Regel geschlossen.

Häufig wehen heftige Winde über die Steppe und treiben je nach Jahreszeit Staub oder Schnee vor sich her. Nur Im Frühjahr steht reichlich Wasser zur Verfügung. Gräser und Kräuter können wachsen und blühen – dann entstehen bunte Blütenteppiche und bedecken die Steppenflur. Für Pflanzen- und Fleischfresser ist nun reichlich Nahrung vorhanden. Je nach Niederschlag und Wasserangebot dauert diese „fruchtbare" Phase bis in die ersten Sommermonate an. Der üppigen Vegetation des Frühjahrs folgen nun die grau-trockenen Sommer- und Herbstmonate – die Steppe trocknet zunehmend aus. Als Vegetationszeit gelten die Frühjahrs- und Frühsommermonate, während im Spätsommer bis in den Herbst hinein Trockenruhe herrscht. Diese wird dann während der Frostmonate durch die Winterruhe abgelöst.

Die Entwicklung der Vegetation, die Wuchshöhe und -dichte der Gräser und die Artenvielfalt wird durch die Niederschlagsmengen bestimmt bzw. durch den eventuellen Wassermangel beeinträchtigt.

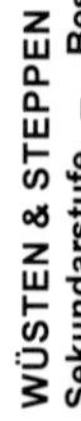

8 Was ist eine Steppe?

Pflanzen in der Steppe

Statt Bäumen wächst in der Steppe Gras. Manche Steppen sind mit hohem Gras bedeckt, andere dagegen weisen einen niedrigen Grasbewuchs auf. Es gibt aber auch Moose, Flechten und niedrige Sträucher. In der Steppe gibt es keine Bäume, weil es dazu nicht ausreichend regnet. Die Pflanzen haben sich den Bedingungen im Sommer und Winter angepasst.

Sommer: Je trockener die Steppe, desto kleiner und dicker sind die Blätter. Gräser weisen ein fein verzweigtes Wurzelsystem auf, um auch unter extremen Bedingungen dem Boden Wasser entziehen zu können. Außerdem haben die Gräser eine harte Außenhaut als Verdunstungsschutz.

Winter: Oberirdische Sprossen sterben ab, überwinternde Knospen liegen tief im Boden und treiben im nächsten Jahr wieder aus. Häufig haben die Pflanzen Wurzel- oder Stängelknollen und Zwiebeln als Speicherorgane.

Veld bei Johannesburg, Südafrika

Steppenvegetation in der Walachischen Tiefebene

Tiere in der Steppe

Die Steppe ist ein Reich der großen Pflanzenfresser. Zu den meist in Herden lebenden Säugetieren zählen die fast ausgestorbene Saiga oder der Niederkalifornische Gabelbock in Zentralasien und der Amerikanische Bison sowie Wildpferde. Weitere Angaben zu Tieren in der Steppe unter Kapitel 9.

Ausgewachsene männliche Saiga

Männlicher Gabelbock

Was ist eine Steppe?

Schutz von Steppen
Natürliche Steppen gibt es fast nur noch in Schutzgebieten. Dagegen werden viele Steppen landwirtschaftlich genutzt.

- Steppen wie die Prärien in Nordamerika oder die Steppen in der Ukraine und in Russland sind die Kornkammern der Erde. Hier wird großflächig Getreide wie Weizen und Mais angebaut. In der Steppenzone wird heute über 50 % der Weltweizenernte produziert.
- Die Pampa in Argentinien wird für die Großviehzucht (Rinder) genutzt.

Deshalb ist es wichtig, manche Steppenregionen unter Schutz zu stellen, um die Natürlichkeit von Steppen zu wahren. Zum Beispiel gibt es die Succow-Stiftung für Ostmongolische Steppen (succow-stiftung.de).
Das übergeordnete Ziel des Projekts ist es, zum Erhalt besonders wertvoller Ökosysteme der Steppen in der gemäßigten Zone der Ostmongolei beizutragen, indem sie in die Liste der Weltnaturerbegebiete aufgenommen werden.
Die Steppen der Mongolei sind bis heute in weitgehend naturnahem Zustand. Sie beherbergen das vollständige Inventar einheimischer Arten. Gleichzeitig sind die Steppen eine wichtige Lebensgrundlage der mongolischen Bevölkerung, die von der wandernden Weidewirtschaft leben. Somit wird vorgeschlagen, den letzten einzigartigen Steppen der Erde mit einer Größe von ca. 2,88 Mio. ha eine stärkere Sichtbarkeit und verbesserten Schutz durch die Welterbekonvention zu geben. Es könnte die letzte Chance sein, sie vor weiteren Bedrohungen und Verlusten zu bewahren.

Versteppung
Unter einer Versteppung versteht man das langsame Austrocknen einer Landschaft, verursacht durch Wassermangel und einen Rückgang der Pflanzen- und Tierwelt. Eine Versteppung kann durch ein Absinken des Grundwasserspiegels, durch eine vermehrte Grundwasserentnahme, durch Flussbegradigungen und durch Klimaveränderungen entstehen. Auch massive Abholzungen und die damit einhergehende Zerstörung der oberen Bodenschicht, die das Wasser vor einer Versickerung zurückhält, können Ursachen für Versteppungen sein.

UN warnen vor „existenziellen Bedrohungen“ durch Versteppung

Bis 2050 könnten sich weltweit Flächen der Größe von Südamerika in Einöden und Steppen verwandeln. Davor warnt das UN-Wüstensekretariat und mahnt zu schnellem Handeln. Ohne schnelles Handeln wird die sogenannte Versteppung in den kommenden Jahren in vielen Teilen der Welt rasend schnell zunehmen und viele Regionen in lebensfeindliche Einöden verwandeln. Zu diesem Ergebnis kommt das UN-Wüstensekretariat (UNCCD) in Zusammenarbeit mit 21 Partnerorganisationen. Ein entsprechender Bericht wurde in Bonn vorgestellt.
Unter Versteppung oder "Verwüstung" wird die Verödung ehemals natürlicher und artenreicher Landschaften verstanden. Sie wird beispielsweise durch großflächige intensive Monokulturen und industrielle Viehzucht verursacht. Die damit einhergehende Entwaldung verursachte nach UN-Angaben auch 29 % der Treibhausgasemissionen.

27. April 2022, 15:01 Uhr; Quelle: Zeit Online

Aufgabe 1: 

Was versteht man unter einer Steppe?

Aufgabe 2: 

Welche Merkmale sind typisch für eine Steppe? Welche „Zwischenzone“ bilden sie?

Aufgabe 3: 

Was versteht man unter einer Versteppung? Welche Ursachen führen dazu?

9 Große Steppen und deren Kontinente

Pampa – Eurasische Steppe – Great Plains und Prärien – Veld – Outback

Als Steppe wird eine semiaride (niederschlagsarme), nahezu baumlose Gras- und Buschlandschaft in der gemäßigten Zone beiderseits des Äquators bezeichnet.

Steppen sind, einfach ausgedrückt, die Grasländer der gemäßigten Breiten.

Steppen gibt es auf allen Kontinenten mit Ausnahme der Antarktis, vor allem im Inneren von Eurasien und Nordamerika. Auf der Südhalbkugel kommen Steppen nur in geringer Ausdehnung vor. Ihr Erscheinungsbild reicht von fast wüstenartigen, unfruchtbaren und trockenen Steppen bis zu mit Wäldern vermischten Grasfluren. In der Steppe bilden Gräser (vor allem Schwingel-, Feder- und Bartgrasarten) und Kräuter die Pflanzendecke. Heute werden die Steppen zum größten Teil landwirtschaftlich genutzt, die Prärien Nordamerikas oder die Steppen Russlands und der Ukraine sind die Kornkammern der Erde. Die Pampa wird intensiv für die Großviehzucht (Rinder) genutzt. Von den 60 Millionen Hektar argentinischen Weidelandes stehen gerade einmal 1 % unter Schutz. Im Nordosten des Landes versuchen Umweltschützer gemeinsam mit den Gauchos die Pampa zu schützen.

Die Weltkarte mit der Nennung der Steppen soll auf einen Blick verdeutlichen, wo sich die Steppengebiete befinden. Bei der Ansicht dieser Karte werden die Vorkenntnisse der Schüler abgerufen und auch evtl. Vermutungen geäußert, z. B. wird der Begriff „Prärie" ganz sicher zu spontanen Äußerungen führen. Die folgende Karte zeigt eine Auswahl von Steppen und ihre Lage auf den Kontinenten, die aber keinen Anspruch auf Vollständigkeit erhebt. Die Lagebestimmung der Steppen kann hier teilweise nur grob erfolgen. Genauere Lagebestimmungen der Steppengebiete sollten anschließend immer unter Verwendung des Atlas oder Internets vorgenommen werden.

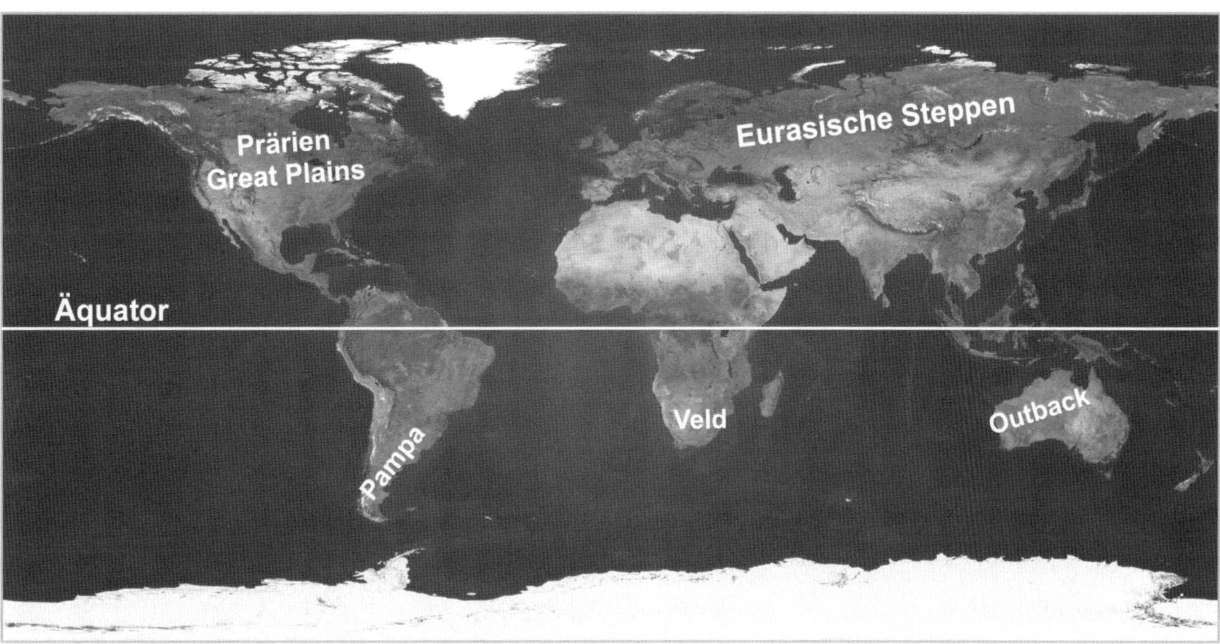

9 Große Steppen und deren Kontinente

Zu den Steppen der gemäßigten Zonen zählt man:

- die Eurasische Steppe in Zentralasien;
- die Prärien und Great Plains in Nordamerika;
- die Pampa und Teile Patagoniens in Südamerika;
- das Veld in Südafrika;
- Teilgebiete des Outbacks in Australien;
- die Gegenden des „High Country“ auf Neuseeland (hier nicht bearbeitet).

Im Folgenden werden die jeweiligen Steppen und ihre Besonderheiten beschrieben und erläutert. Folgende Punkte werden dabei besonders berücksichtigt:

- geografische Lage der Steppe;
- Ausmaß und Fläche der Steppe;
- die Länder auf dem Gebiet der Steppe;
- Klima und Vegetation;
- Flora und Fauna;
- Schutzmaßnahmen zum Erhalt von Teilflächen dieser Steppe.

Hinweis: Die Angaben zu den Ausmaßen und Flächen der Steppen sind in der Literatur teilweise unterschiedlich.

Die Kartenausschnitte mit den Namen der Steppen soll den Schülern anschaulich vermitteln, wo sich die genannte Steppe auf dem jeweiligen Kontinent befindet, und ihnen damit eine geografische Zuordnung ermöglichen. **Wenn man über eine Steppe und ihre Besonderheiten spricht, kann man also schon wissen, wo die Steppe liegt!** Außerdem wird jeder Steppe eine typische Abbildung zugeordnet, um eine erste bildhafte Vorstellung über diese Steppe zu bekommen.

Die Pampa in Südamerika

Die Pampa-Region an der Südostküste Südamerikas – rund um den Rio de la Plata – im Süden die eigentliche Pampa, im Norden der Campo

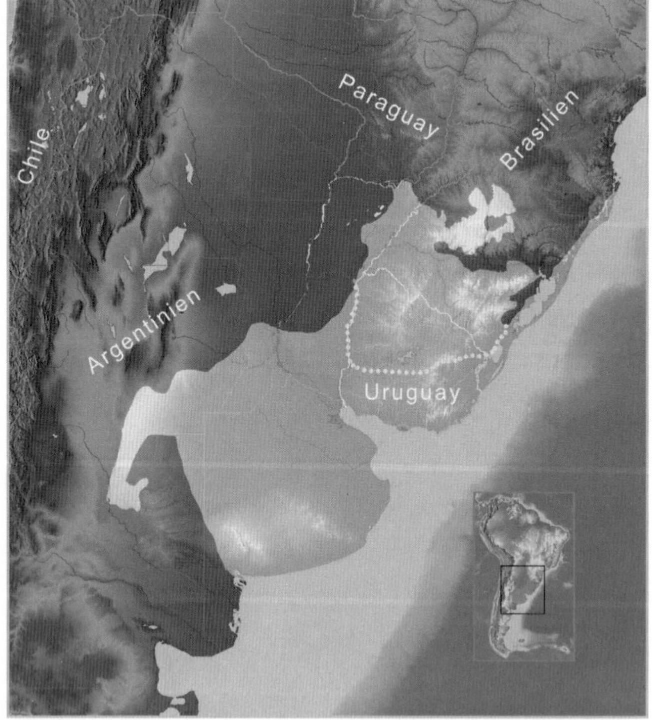

Die Pampa ist eine weitgehend flache Graslandschaft im südöstlichen Südamerika. Sie wird im Westen von den Anden und im Osten vom Atlantik begrenzt. Die Pampa nimmt große Teile Argentiniens, ganz Uruguay und einen kleinen Teil von Südost-Brasilien ein. Sie erstreckt sich in einem großen Bogen um den Rio de la Plata. Die Pampa ist ein subtropisches Grasland, das aus der völlig ebenen Pampa südlich des Rio de la Plata und einem hügeligen, mit Waldinseln durchsetzten Campo im nördlichen Bereich besteht.

Die Wörter *Pampa* (Quechua, indigen) und *Campo* bedeuten „baumlose Ebene“ oder „Feld“. In der deutschen Sprache wird die Aussage „in der Pampa“ ganz allgemein für ein ödes, abgelegenes oder langweiliges Gebiet verwendet.

Die Pampa wird heute intensiv für die Landwirtschaft genutzt. Der argentinische Teil ist heute das größte Ackerbaugebiet Südamerikas sowie das Zentrum der Rinderzucht in Argentinien. Auf dem Gebiet des Campo in Uruguay und Brasilien wird Weidewirtschaft (Schafzucht) betrieben.

9 Große Steppen und deren Kontinente

Pampa in der Nähe von Buenos Aires

Uruguay: im Vordergrund naturnahe Pampa – im Hintergrund landwirtschaftlich genutzte Pampa

Klima

Das Klima in der Pampa ist gemäßigt, d. h. im Osten sind die Temperaturgegensätze zwischen Sommer und Winter aufgrund der Meeresnähe sehr gering. Im Westen dagegen nimmt der kontinentale Charakter mit heißen Sommern und kalten, trockenen Wintern zu.

Tiere in der Pampa

In der Pampa gibt es nur eine spärliche Anzahl von heimischen Tieren, z. B. das **Guanako** (eine Lama-Urart) und der **Pampashirsch**. Die **Viscacha**, eine Nagerart, lebt in unterirdischen Gängen und teilt sich diese mit dem **Pampasfuchs**. **Mara**, **Nandu** und **Kaninchenkauz** sind weitere Pampasbewohner. Und nicht zu vergessen: Das **Meerschweinchen** ist in der Pampa zu Hause.

Mara mit Jungtier

Guanako (eine Lama-Urart)

Nandu

9 Große Steppen und deren Kontinente

Die Eurasische Steppe in Zentralasien

Die Eurasische Steppe, die auch Große Steppe genannt wird, ist eine Steppenlandschaft, die sich auf dem eurasischen Doppelkontinent zwischen Osteuropa und Ostasien erstreckt.

Ihr Kerngebiet liegt in Zentralasien zwischen dem Kaspischen Meer und der Wüste Gobi.

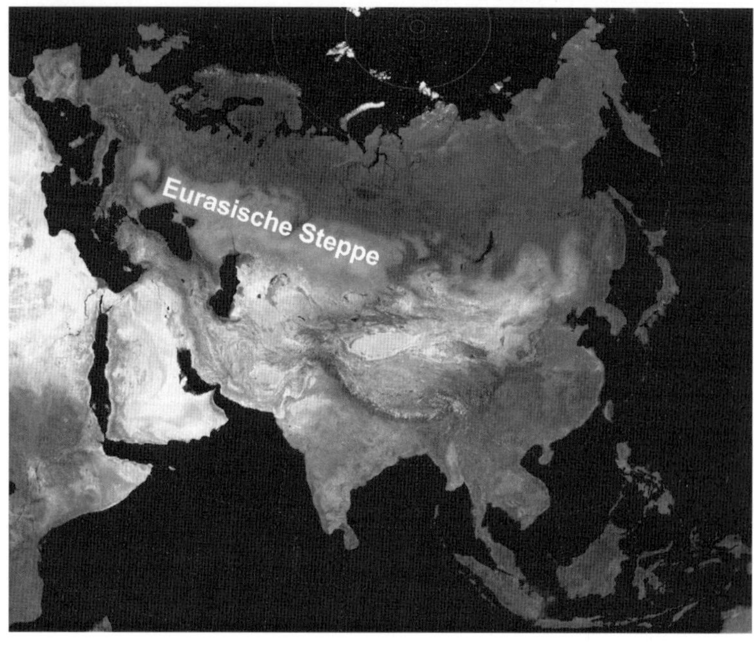

Die Eurasische Steppe erstreckt sich auf einer Länge von ca. 7000 km von der chinesischen Mandschurei im Osten bis hin zur ungarischen Puszta im Westen. Sie ist die größte Steppenlandschaft der Welt. Sie wird im Norden von den Wäldern des europäischen Russlands, Sibiriens und des asiatischen Russlands begrenzt. Die südliche Grenze der Steppe kann man nicht genau festlegen, da sie fließend in die Halbwüsten und Wüsten Zentralasiens übergeht.
Die letzten noch großflächig erhaltenen Steppengebiete befinden sich in der Mongolei und in Kasachstan. Bedingt durch die geringe Bevölkerungsdichte und die zum Teil auch heute noch betriebene nomadische Viehhaltung blieb die Steppe hier in weiten Teilen vor Zersiedelung verschont.
Folgende Länder liegen mit unterschiedlichen Anteilen auf dem Gebiet der Eurasischen Steppe: **China**, **Kasachstan**, **Moldawien**, **Mongolei**, **Rumänien**, **Russland**, **Ukraine** und **Usbekistan**. In der Steppe leben die Nachfahren der Nomaden: die Kalmücken, Kasachen, Nogaier und Turkmenen.
In der Eurasischen Steppe entstanden zudem mehrere Steppenreiche (Reitervölker). Bekannt ist die Eurasische Steppe auch als Gebiet/Region für die Nachfahren der nomadischen Steppenvölker Eurasiens. Hier sind vor allem die Hunnen, die Skythen (Reiternomadenvölker) und Ungarn sowie auch die Türken zu nennen. Die Eurasische Steppe wird von einigen Wissenschaftlern als Urheimat der Indoeuropäer angesehen.

Klima

Die Eurasische Steppe weist das für Steppen typische semiaride Klima auf. Durch die größere Entfernung zu den nächsten Ozeanen ist die Jahresniederschlagsmenge jedoch stärker eingeschränkt als bei anderen Steppen. Je nach Steppenform variieren die Niederschläge zwischen 443 mm und 388 mm. Semiarid nennt man Gebiete, die durch das Auftreten einer bestimmenden Trockenheit geprägt sind, im Jahresverlauf aber auch etwa 3-5 feuchte Monate aufweisen.

Steppe im Süden Sibiriens

Vegetation

Es sind über 1500 Pflanzenarten bekannt, vor allem Gräser. Die meisten der uns heute bekannten Getreidearten waren früher „Steppenbewohner", denn sie gehören ebenfalls zur Gruppe der sogenannten „Süßgräser". Ein großer Teil des heute weltweit produzierten Weizens kommt aus den Steppengebieten in Eurasien und Nordamerika. Dazu müssen viele Felder allerdings künstlich bewässert werden.

Steppe im Osten Kasachstans

9 Große Steppen und deren Kontinente

Tiere in der Euraisischen Steppe und Schutzmaßnahmen

Früher waren die beiden größten Säugetiere wie die Saiga-Antilope und das Przewalski-Pferd in ganz Eurasien verbreitet. Heute leben sie nur noch in sehr abgelegenen und oftmals geschützten Wildnis-Regionen und sind vom Aussterben bedroht.

Männliche Saiga-Antilope

Przewalski-Pferde (mongolische Wildpferde)

In Kasachstan, dem typischen Steppenland, ist eines der wichtigsten Feuchtgebiete der Erde zu finden. Inmitten der Saryarka liegt das knapp 3000 km² große Schutzgebiet um den Tengiz-See und die Korgalzhyner Seen. Der Tengiz ist ein salzhaltiger Steppensee ohne Abfluss, der Fluss Nura speist ihn. Mit 1500 km² ist er 3-mal so groß wie der Bodensee. Dort lebt die größte Kolonie (ca. 20.000 Nistplätze) von rosa Flamingos weltweit. Weiterhin findet man Krauskopfpelikane, Steppenadler, Adlerbussarde, Rötelfalken, Jungfernkraniche …

30 Millionen Wasservögel machen jährlich an den Seen um den Tengiz herum Rast, der größten Wasserfläche in der kasachischen Steppe. Hier treffen sich 2-mal pro Jahr etwa 300 verschiedene Vogelarten.

Rosa Flamingos

Die Tengiz-Region muss nach Meinung kasachischer Experten und internationaler Organisationen mehr geschützt werden. Die Seenplatte ist als nationales kasachisches Naturschutzgebiet ausgewiesen und soll noch als UNESCO-Biosphärenreservat ausgezeichnet werden. Bisher wurde leider noch kein Konzept erarbeitet, das bei der UNESCO eingereicht werden müsste.

Staatliches Naturreservat Korgalzhyn, Tengiz-See, in Kasachstan

9 Große Steppen und deren Kontinente

Die Great Plains und Prärien in Nordamerika

Die *Great Plains* (= „Große Ebenen") sind ein trockenes Gebiet östlich der Rocky Mountains. Sie umfassen eine Fläche von knapp 2 Mio. km² und erstrecken sich auf einer maximalen Breite von 750 km und einer Länge von fast 3000 km. Sie sind an den Rocky Mountains noch ca. 1800 m hoch und fallen nach Osten auf ca. 500 m ab. Die Great Plains reichen von den kanadischen Prärieprovinzen Alberta, Saskatchewan und Manitoba bis nach Texas, manchmal wird auch ein kleiner Teil Mexikos dazu gezählt.

Zehn US-Bundesstaaten haben Anteil an den Great Plains:
im Westen: Montana, Wyoming, Colorado und New Mexico;
im Osten: North Dakota, South Dakota, Nebraska, Kansas, Oklahoma und Texas.
Nördlich werden die Great Plains durch den Kanadischen Schild, südlich durch die Küstenebene des Golfes von Mexiko begrenzt. Die Great Plains waren lange Zeit spärlich bewohnt und wurden von teilnomadischen Indianern auf der Jagd nach Bisons und Gabelböcken durchstreift.

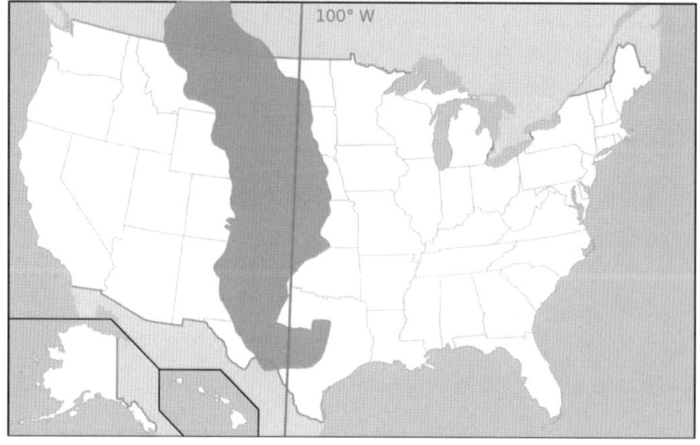

Klimatisch kann man die Great Plains in zwei Regionen unterteilen, und zwar in etwa anhand des 100. Längengrades (siehe Rote Linie im Bild):

- Westlich des 100. Längengrades gibt es nur spärlichen Niederschlag (weniger als 500 mm im Jahr). Dort wird Intensivtierhaltung (= Massentierhaltung) in großen Betrieben und extensive Tierhaltung (= artgerechte Haltung) mit sehr großer Flächennutzung (Ranching) betrieben.
- Östlich des 100. Längengrades liegt ein humides Klima vor. Dementsprechend ist hier der Ackerbau die primäre landwirtschaftliche Nutzungsform. Angebaut wird vorwiegend Sommer-/Winterweizen sowie Mais und Hirse. Der niederschlagsreichere Osten wird auch als Kornkammer der USA beschrieben.

Tallgrass = Hochgras-Prärie

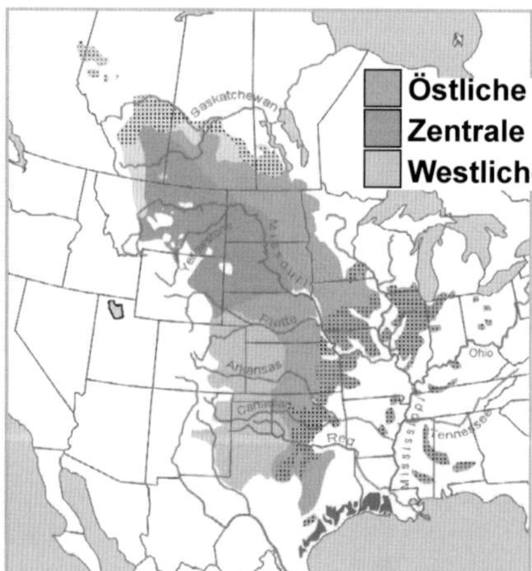

Die **Prärie** (franz. *prairie* = Wiese, Weide) ist der nordamerikanische Anteil der Steppenzone der Erde. Sie umfasst die Vorgebirgs-Hochebene der Great Plains, die zentralen Ebenen des Mittleren Westens sowie die westliche Golfküstenebene. Der Begriff „Prärie" wird meistens mit den nordamerikanischen Great Plains und den kanadischen Präriegebieten wie denen in Alberta, Saskatchewan und Manitoba verbunden.
Je nach Grashöhe unterscheidet man verschiedene Arten von Prärien:
die Hochgras-Prärie (*Tallgrass*), die Mischgras-Prärie (*Midgrass*) und die Kurzgras-Prärie.

9 Große Steppen und deren Kontinente

Schwarzschwanz-Präriehunde

Heute sind die Prärien riesige landwirtschaftlich genutzte, teilweise auch verödete und weiter verödende, oft künstlich bewässerte Anbauflächen für Weizen und Mais. Die intensive Beweidung mit Rindern verdrängt die Gräser und fördert die Wüstensträucher. Vor der Besiedlung durch Auswanderer aus Europa lebten hier vor allem riesige Herden von Bisons und Gabelböcken sowie 5 Milliarden Schwarzschwanz-Präriehunde.

Die Bisons wurden im 19. Jahrhundert durch das Militär und Siedler bis auf wenige Exemplare systematisch ausgerottet, dadurch waren die indigenen Ureinwohner in ihrer bisherigen Lebensweise als Prärie-Indianer ebenfalls praktisch vom Aussterben bedroht. 1894 lebten in ganz Nordamerika noch rund 800 Exemplare als die letzten freilebenden Bisons, etwa ein Viertel davon im Yellowstone-Nationalpark. Von Anfang an waren verschiedene Indianerstämme Vorreiter beim Schutz der Tiere. Von 1992 bis 1996 siedelten sie etwa 15 neue Bisonherden in ihren Reservaten an und erzielten eine Vervierfachung des Bestandes. Als Folge von intensiven Schutzmaßnahmen gibt es gegenwärtig im Mittleren Westen der USA wieder ca. 350.000 Bisons, zusammen mit anderen Regionen kommt man sogar auf eine halbe Million Tiere. Die gewaltigen Tiere ernähren sich fast nur von den in den einzelnen Präriearten jeweils reichlich wachsenden Gräser-Arten.

Bisonbulle in der Prärie des Badlands-Nationalparks

Mischgrasprärie im Badlands-Nationalpark

Der **Badlands-Nationalpark** liegt im Südwesten South Dakotas. Neben der durch Erosion geprägten Landschaft der *Badlands* (= schlechtes Land) gehört auch die größte geschützte Gras-Prärie zum Nationalpark.

Der **Theodore-Roosevelt-Nationalpark** ist ein Nationalpark im Westen von Nord-Dakota entlang des Flusses *Little Missouri*. Auch hier findet man als Ergebnis von Erosion die typische Landschaftsform der Badlands und auch Prärien.
T. Roosevelt (26. Präsident der USA von 1901 bis 1909) wurde aufgrund seiner Erfahrungen und Erlebnisse in diesem Gebiet, z. B. der starken Reduzierung der Bisons und den Folgen der Überweidung, ein Anhänger des Naturschutzes. Als Präsident gründete er fünf Nationalparks und 51 *National Wildlife Refuges* (Naturschutzgebiete).

Das Veld in Südafrika

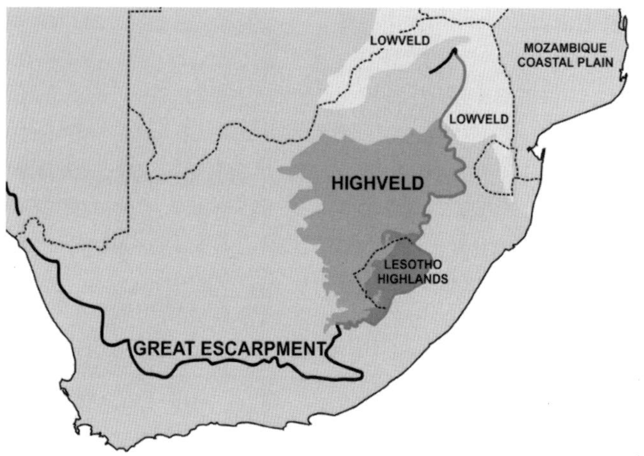

Südafrika teilt sich seine Grenzen mit zahlreichen Nachbarstaaten: Botswana, Lesotho (das komplett von Südafrika eingeschlossen ist), Mosambik, Namibia, Swasiland und Simbabwe sind von Westen nach Osten die Anrainerstaaten. Im Süden wird Südafrika vom Atlantischen und vom Indischen Ozean begrenzt. Das 1500 km lange und 1000 km breite Land kann in **drei große Regionen** unterteilt werden: das Highveld, das Lowveld und das **Kalahari-Becken**.

Veld [*Afrikaans oder Niederländisch*, (deut.) = Flur] wird wie „Feld" ausgesprochen. Der Begriff kann für viele Arten von offenem Land in Südafrika stehen. Damit meint man in Südafrika hauptsächlich die plateauartigen Gebiete im Inneren des Landes. Im angrenzenden Namibia wird es synonym für offenes Busch- und Savannenland verwendet. Ein Buschfeuer wird daher auch Veldbrand oder Veldfeuer genannt.

Das Highveld nördlich von Johannesburg in Gauteng

Als Highveld wird das zwischen 600 m und 3000 m hoch gelegene Hochland bezeichnet. Es bedeckt den größten Teil des südafrikanischen Binnenlands, Johannesburg und die Provinz Gauteng bilden das Zentrum. Die Sommertage sind nicht zu heiß, die Sommernächte angenehm kühl. Im Winter wird es nachts zwar recht kühl, tagsüber aber gibt es durchgehend Sonnenschein mit Temperaturen von bis zu 25 °C. Das Klima ist weitgehend trocken, Regen fällt im Sommer von Oktober bis März. Das südafrikanische Highveld macht über 50 % des sogenannten afrikanischen Graslands aus.

Ein schmaler Landschaftsstreifen auf etwa 150 bis 300 m Höhe im Nordosten Südafrikas (zwischen Mozambique und den Drakensbergen gelegen) wird Lowveld genannt. Im Sommer überwiegen teils sehr hohe, tropische Temperaturen und Regenfälle. Die Malaria ist hier nicht besiegt.

In deutschen Übersetzungen werden meistens die Begriffe Highveld und Lowveld übernommen, manchmal findet man allerdings auch „Hochland" für „Highveld" und „Tiefland" für „Lowveld". Der Vorteil der Verwendung von Lowveld und Highveld besteht darin, dass sie sich direkt auf die Landschaft in Südafrika beziehen, während es „Hochland" und „Tiefland" in vielen Regionen der Welt gibt.

9 Große Steppen und deren Kontinente

Das Outback in Australien

Als Outback werden die Wildnisregionen Australiens fernab der Zivilisation bezeichnet. Ein großer Teil Australiens ist unbesiedelt und trocken. Teilweise braucht es Stunden, um den nächsten Ort zu erreichen. Dieser Teil Australiens liegt im Landesinneren und ist weit von den Küsten entfernt. Im Duden ist der Begriff „Outback“ mit „wenig besiedeltes Landesinneres [von Australien]“ und mit „(eng.) *the outback* = draußen ganz hinten, weit außerhalb“ dargestellt. Von der umgangssprachlichen Verwendung des Begriffs lässt sich das Outback mit der „Pampa“ Argentiniens und dem südafrikanischen „High Veld“ vergleichen.

Das Outback umfasst mit 5,6 Mio. km² etwa 72 % der Fläche des Kontinentes; das entspricht in etwa der Hälfte der Fläche von Europa. Ganz genau bestimmen lässt sich die Lage des Outbacks nicht. Charakteristisch für das Outback ist die weite Entfernung zur Küste und zu größeren Städten wie Melbourne oder Sydney. Man geht davon aus, dass im Outback zwischen 300.000 und 750.000 Menschen leben, je nachdem wo man die Grenzen des Outbacks zieht. Im Outback leben 60.000 Aborigines. Alice Springs ist die einzige größere Stadt im Outback. Das Outback erstreckt sich hauptsächlich über das Northern Territory und Western Australia sowie Teile von Queensland, New South Wales und South Australia.

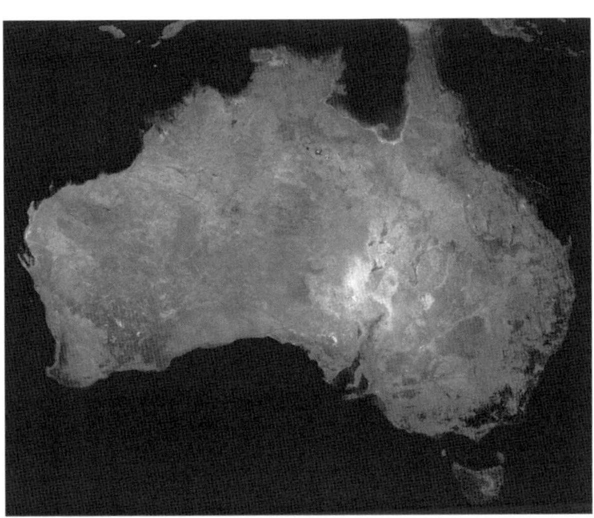

Die Braunfärbung zeigt die ungefähre Ausdehnung des Outbacks

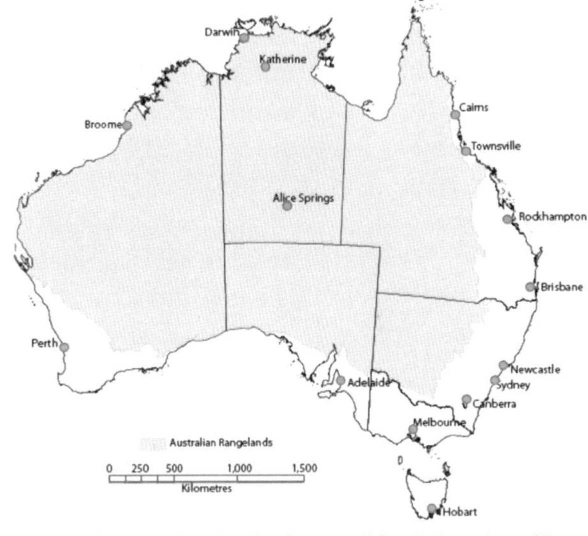

Ausdehnung des Outbacks gemäß Ministerium für Landwirtschaft, Wasser und Umwelt

Kings Canyon **Felsformation bei Sonnenuntergang, Zentralaustralien – Northern Territory**

Mulga-Savanne

Der Mulga-Baum ist eine nur in Australien vorkommende Akazien-Art, die dort allgemein als Viehfutter sehr wichtig ist. Dabei ist die Pflanze für die Aborigines von vielfacher Bedeutung. Die gemahlenen Samen können zu Brot verbacken werden, während sich das harte Holz für Speerschleudern, Bumerangs und Kampfschilde eignet. Die **Western Australian Mulga Shrublands** sind ein großes Gebiet im westlichen Outback mit trockenem Klima, das nach dieser Akazienart benannt ist.

9 Große Steppen und deren Kontinente

Klima

Im Outback können auch extreme Temperaturen erreicht werden. In einigen Teilen fällt jahrelang kein Regen und es wird bis zu 50 °C heiß; man kann dort im Grunde von Wüstenklima sprechen. Im Sommer werden häufig Temperaturen über 40 °C erreicht. In der Nacht kann es aber deutlich abkühlen. So ist ein Temperaturunterschied von bis zu 15 °C zwischen Tag und Nacht nicht ungewöhnlich. Im Winter liegen die durchschnittlichen Temperaturen um die 20 °C, wobei es nachts auch mal bis zu 4 °C kalt werden kann. Im Sommer ist es sehr trocken und es kommt häufig zu Buschbränden, die manchmal monatelang dauern und leider nur schwer wieder gelöscht werden können.

Uluru (Ayers Rock), der ikonische Sandsteinfelsen im Zentrum Australiens, Northern Territory

Diese Brände zerstören die Natur, die Existenzen von Menschen und den Lebensraum der dort beheimateten Tiere.

Das wohl bekannteste Ausflugsziel des Outbacks ist der Berg Ayers Rock – die indigene Bevölkerung nennt ihn Uluru. Der Gipfel des Ayers Rock misst eine Höhe von 863 m und liegt in der zentralaustralischen Wüste.

Tiere im Outback – eine Auswahl

Im australischen Outback gibt es u. a. diese Tiere:

Kängurus leben nicht nur im Outback, sondern in ganz Australien.

Koalas ernähren sich von Eukalyptus, leben eigentlich eher im östlichen Teil des Kontinents, weichen aber aufgrund von Buschbränden immer häufiger ins Landesinnere aus.

Kragenechsen sind im nördlichen Teil des Outbacks beheimatet.

Dingos sind die einheimischen Wildhunde und machen Jagd auf Fische, Vögel, Reptilien und Kängurus. Manchmal werden sie sogar als Haushunde gehalten.

Inlandtaipans gelten als eine der giftigsten Schlangenarten der Welt. Sie sind tagaktiv, können ihre Farbe wechseln und greifen aber nur an, wenn sie sich bedroht fühlen.

Goulds Waran

Schwarzpfoten-Felskänguru

Aufgabe 1: 

Nenne die Steppen der gemäßigten Zone.

Aufgabe 2: 

Beschreibe die Lage und Größe der Eurasischen Steppe.

Aufgabe 3:

Wie heißen diese Tiere und wo sind sie beheimatet?

a)

b)

c)

KOHL VERLAG
WÜSTEN & STEPPEN DER ERDE
Sekundarstufe – Bestell-Nr. 12 947

Steppenarten

Langgrassteppe – Mischgrassteppe – Kurzgrassteppe

Steppengebiete gibt es über den gesamten Erdball verteilt. Als die europäischen Siedler nach Amerika kamen, fanden sie sie dort in weiten Teilen des „Wilden Westens“ vor und nannten sie **Prärie**. In Australien wird die Steppe **Grasland** genannt. Steppen sind riesige Graslandschaften. Besonders auffällig ist das fast vollständige Fehlen von Baumbewuchs.

Die prägenden Pflanzenansammlungen der (Gras-)Steppe bestehen aus Gräsern. Verschiedene Grasarten sind die dominierende Vegetation (Schwingel-, Feder- und Bartgrasarten sowie Kräuter). Diese Grasarten sind darauf spezialisiert, die kurzen Regenperioden optimal für ihr Wachstum und Aufblühen zu nutzen. Je nach Region kommen dabei unterschiedliche Hauptgrasarten vor. Generell findet man in Steppen eine weltweit einzigartige Vielzahl an verschiedenen Gräsern. Die meisten Menschen stellen sich unter einer Steppe monotone Graslandschaften vor, bei näherer Betrachtung ist die Steppenflora jedoch sehr vielfältig. Pro 100 m² können hier bis zu 150 verschiedene Gräser wachsen.

In der Steppe wachsen neben Gras hauptsächlich niedrige Sträucher wie beispielsweise Heidekrautgewächse. Die meisten der heute bekannten Getreide waren früher „Steppenbewohner“, denn sie gehören ebenfalls zu der Gruppe der Gräser (genauer gesagt „Süßgräser“[1]).

Vegetation – Niederschläge und Steppenarten
Aufgrund der zu den Wüstengebieten im Süden hin abnehmenden Niederschlagsmengen haben sich unterschiedliche Streppenarten entwickelt: Waldsteppe, Langgrassteppe, Mischgrassteppe, Kurzgrassteppe und Wüstensteppe.

Die Vegetationsentwicklung hängt von den geringen Niederschlägen ab und führt zur Ausbildung unterschiedlicher Steppenarten.

In den Waldsteppen fallen noch reichlich Niederschläge, nehmen aber zu den Langgras-, Mischgras-, Kurzgras- und Wüstensteppen hin stetig ab. Die Waldsteppe ist der Übergang zwischen der Taiga und den Grasländern. Aufgrund der reichhaltigeren Niederschläge können vor allem Pappeln, Birken und Kiefern ausreichend Wasser finden. Im Süden Russlands, in der Ukraine, im nördlichen Kasachstan und in der Mongolei finden sich Reste der sog. Waldsteppe.

1 Zu den Arten der Süßgräser gehören Ziergräser wie Pampasgras, Japangras, Reitgras, Pfeifengras, Schilf und Bambus sowie Nutzpflanzen wie Roggen, Weizen, Hafer, Mais, Hirse und Reis.

10 Steppenarten

Verschiedene Gräser in unterschiedlichen Grassteppen

- Die **Langgrassteppe** wird auch als Feuchtsteppe, Krautsteppe oder Wiesensteppe bezeichnet. In der Langgrassteppe sind die Gräser durchweg 50-80 cm hoch. Die Langgrassteppe wird von bis zu 1 m hochwachsenden Federgräsern geprägt. Es gibt hier neben den Gräsern viele Kräuter, u. a. Korbblütler und Hülsenfrüchtler.
  Trockene Monate: 5-8

- Die **Mischgrassteppe** bildet den Übergang zwischen Lang- und Kurzgrassteppe. Hier findet man eine Mischung aus mittelhohen und kurzen Grasarten.
  Trockene Monate: 6-9

- Die **Kurzgrassteppe** wird auch als Trockengrassteppe oder krautarme Steppe bezeichnet. Hier sind die Gräser 20-50 cm hoch. In der Kurzgrassteppe dominiert der Schwingel. Die Vegetationsperiode in der Kurzgrassteppe ist nur auf das Frühjahr beschränkt.
  Trockene Monate: 7-10

Prärie mit Schwingelgras

Steppe mit Federgras

Auf der Südhalbkugel werden viele Grassteppen fast ausschließlich von **Tussock-Gräsern** gebildet. Mit Tussock wird im englisch-sprachigen Raum ein Grasbüschel, ein Horst[2] von Gras bezeichnet, das in einem eng umgrenzten Bereich wächst und länger und dicker ist als andere Gräser. Tussockgräser sind besonders in Kurzgrassteppen zu finden. In Australien dehnen sich weite Graslandschaften mit Tussock aus.

Tussock-Graslandschaft

Aufgabe 1: 

Welche Steppenarten unterscheidet man und wovon ist das abhängig?

Aufgabe 2: 

Erläutere die Besonderheiten einer Langgrassteppe.

Aufgabe 3: 

Was sind Tussock-Gräser und wo kommen sie vor?

2 Als Horst wird eine Pflanzenwuchsform bezeichnet, bei der viele Triebe einer Pflanze eng aneinander stehen.

KOHL VERLAG WÜSTEN & STEPPEN DER ERDE Sekundarstufe – Bestell-Nr. 12 947

11 Lösungen

2. Die Ökosysteme Wüste und Steppe

Aufgabe 1: Als Ökosystem Wüste wird auf der Erde ein Gebiet bezeichnet, das kaum bis gar keine Vegetation hat und eine extrem geringe Niederschlagsquote im Jahr aufweist. Dabei werden Trockenwüsten von Eis- oder Kältewüsten unterschieden.

Aufgabe 2: Steppen sind – einfach ausgedrückt – die Grasländer der gemäßigten Breiten. Sie zeichnen sich durch dominante Gräser- und Schilfarten und wenige Sträucher aus. (= baum- und strauchlose Vegetation, die vorwiegend aus hohen Gräsern besteht)

Aufgabe 3: Zu den terrestrischen Ökosystemen zählt man alle Ökosysteme, die sich auf dem Land befinden, z. B. Wald (Laubwald, Mischwald, Nadelwald, Regenwald etc.) und Wüste (Halbwüste, Wüste, Salzwüste, Steppe).

3. Unterschied zwischen Wüste und Steppe

Aufgabe 1: In der Wüste werden keine Böden gebildet, in der Steppe dagegen gibt es Böden, die fruchtbar sind. Die Oberfläche der Wüste kann sandig, kiesig, felsig oder salzig sein – in der Wüste bildet sich kein „richtiger" Boden. Die Steppen sind mit einer fruchtbaren Bodenschicht bedeckt.

Aufgabe 2: Die meisten Wüsten sind auf die Tropen beschränkt, Steppen dagegen liegen in subtropischen und gemäßigten Klimazonen.

Aufgabe 3:

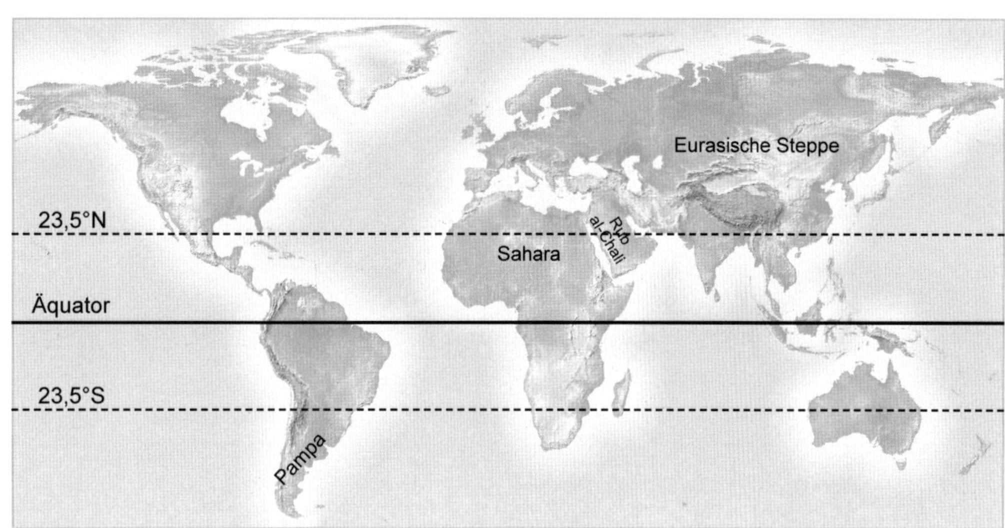

4. Was ist eine Wüste?

Aufgabe 1: Die Temperaturen in Wüsten sind häufig sehr extrem, mit großen Temperaturunterschieden zwischen Tag und Nacht. In den Hitzewüsten steigen die Temperaturen tagsüber manchmal über +40 °C und fallen nachts unter den Gefrierpunkt. In den Kältewüsten dagegen herrschen immer sehr niedrige Temperaturen um bis zu –40 °C und können im Sommer den Gefrierpunkt erreichen und leicht überschreiten.

4. Was ist eine Wüste?

Aufgabe 2: Trocken-/Hitzewüsten sind trocken und heiß. Sie liegen vor allem in den Subtropen, z. B. die Sahara mit einer Fläche von ca. 9 Mio. km².

Kälte-/Eiswüsten sind sehr kalt und liegen im Bereich der Pole, z. B. ist die Antarktis eine sog. Eiswüste und mit einer Fläche von ca. 13,8 Mio. km² noch deutlich größer als die Sahara.

Aufgabe 3: Als Desertifikation bzw. Verwüstung bezeichnet man die zunehmende Verschlechterung des Bodens in wüstennahen Gebieten. Jedes Jahr verliert die Erde ca. 12 Mio. Hektar an fruchtbaren Böden. Das entspricht etwa der gesamten Ackerfläche in Deutschland.

5. Große Wüsten der Erde

Aufgabe 1: Rub al-Chali ist die größte geschlossene Sandwüste der Erde. Die arabische Wüste liegt auf der Arabischen Halbinsel und befindet sich östlich der Sahara. Sie ist etwa doppelt so groß wie Deutschland und ist eine der trockensten Wüsten der Erde mit weniger als 50 mm Niederschlag in einem Jahr.

Aufgabe 2: Die Wüste Namib ist eine Küstenwüste. Die Namib-Wüste liegt an der Südwestküste Afrikas und erstreckt sich auf einer Länge von 2000 km vom nordwestlichen Südafrika über den Oranje-Fluss bis hinauf nach Angola. Sie ist die älteste Wüste der Welt.

Aufgabe 3:

Name der Wüste	Art/Typ	Fläche in km²	Lage / Länder
Antarktis	Eiswüste/Polarwüste	13.900.000	Antarktis/Südpol
Sahara	Wendekreiswüste; Sandwüste, Kieswüste	9.200.000	Algerien, Tunesien, Marokko, Libyen, Ägypten, Mali, Niger, Tschad, Sudan, Mauretanien, Westsahara
Gobi	Binnenwüste; Stein- und Geröllwüste	1.300.000	Mongolei und China
Karakum	Binnenwüste; Sand- und Trockenwüste	400.000	Turkmenistan, Usbekistan
Atacama	Küstenwüste	104.741	Südamerika / Chile

6. Wüsten und deren Kontinente

Aufgabe 1:

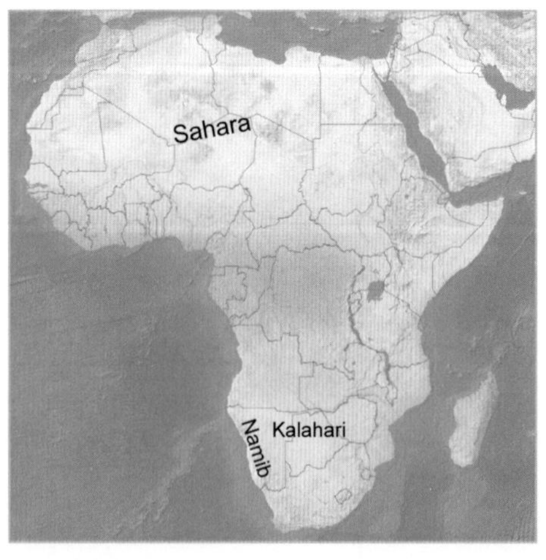

WÜSTEN & STEPPEN DER ERDE
Sekundarstufe – Bestell-Nr. 12 947

6. Wüsten und deren Kontinente

Aufgabe 2: Es ist die Küstenwüste Namib. Sie umfasst eine Fläche von ca. 95.000 km² und liegt zum größten Teil auf dem Gebiet von Namibia und Angola.

Aufgabe 3: Das sind Giraffen und sie leben in der Kalahari.
Die Kalahari umfasst eine Fläche von 930.000 km² und liegt im östlichen Namibia und in Botswana.

7. Wüstenarten

Aufgabe 1: Wendekreiswüsten werden die Wüsten genannt, die sich entweder im Bereich des nördlichen oder des südlichen Wendekreises, bei ca. 23,5°, befinden. Beispiele sind die Sahara und die Kalahari.

Aufgabe 2: Typisch für Sandwüsten ist die extreme Hitze mit Temperaturen, die im Sommer auf 55 °C steigen können. In der Nacht hingegen können die Temperaturen auf –10 °C fallen, weil der Sand die Wärme nur oberflächlich speichert und bei fehlender Sonneneinstrahlung schnell wieder auskühlt.
Sandwüsten weisen häufig hohe Dünen mit wellenartigem Muster auf, die durch Windströmungen zustande kommen, weil der Wind konstant aus derselben Richtung kommt und die Dünen formt.

Aufgabe 3: a = Kieswüste / b = Sandwüste / c = Steinwüste

8. Was ist eine Steppe?

Aufgabe 1: Als Steppe wird eine semiaride, nahezu baumlose Gras- und Buschlandschaft der gemäßigten Breiten beiderseits des Äquators bezeichnet.

Aufgabe 2:
- Steppen sind weitgehend baumlos, flach, niederschlagsarm und liegen in der gemäßigten Klimazone.
- Steppen sind oft eine Zwischenzone zwischen Wäldern und Wüsten.

Aufgabe 3:
- Unter einer Versteppung versteht man das langsame Austrocknen einer Landschaft, verursacht durch Wassermangel und einen Rückgang der Pflanzen- und Tierwelt.
- Eine Versteppung kann durch eine vermehrte Grundwasserentnahme, durch Flussbegradigungen und durch Klimaveränderungen entstehen. Auch massive Abholzung und die damit einhergehende Zerstörung der oberen Bodenschicht, die das Wasser von einer Versickerung abhält, kann Ursache für eine Versteppung sein.

WÜSTEN & STEPPEN DER ERDE
Sekundarstufe – Bestell-Nr. 12 947
KOHL VERLAG

9. Große Steppen und deren Kontinente

Aufgabe 1: Zu den Steppen der gemäßigten Zone zählt man:
- die Eurasische Steppe in Zentralasien;
- die Prärien und Great Plains in Nordamerika;
- die Pampa und Teile Patagoniens in Südamerika;
- das Veld in Südafrika;
- Teilgebiete des Outbacks in Australien;
- Die „High Country“ auf Neuseeland (hier nicht bearbeitet)

Aufgabe 2: Die Eurasische Steppe, die auch Große Steppe genannt wird, ist eine Steppenlandschaft, die sich auf dem eurasischen Doppelkontinent zwischen Osteuropa und Ostasien erstreckt. Ihr Kerngebiet liegt in Zentralasien zwischen dem Kaspischen Meer und der Wüste Gobi. Die Eurasische Steppe erstreckt sich auf einer Länge von ca. 7000 km von der chinesischen Mandschurei im Osten bis hin zur ungarischen Puszta im Westen. Sie ist die größte Steppenlandschaft der Welt. Sie wird im Norden von den Wäldern des europäischen Russlands, Sibiriens und des asiatischen Russlands begrenzt. Die südliche Grenze der Steppe kann man nicht genau festlegen, da sie fließend in die Halbwüsten und Wüsten Zentralasiens übergeht.

Aufgabe 3: a = Mara mit Jungtier / b = Guanako (Lama-Unterart, die in der Pampa beheimatet ist) / c = Nandu

10. Steppenarten

Aufgabe 1: Die Vegetationsentwicklung in der Steppe hängt von den geringen Niederschlägen ab und führt zur Ausbildung unterschiedlicher Steppenarten. Aufgrund der zu den Wüstengebieten im Süden hin abnehmenden Niederschlagsmenge haben sich unterschiedliche Streppenarten entwickelt:
Waldsteppe, Langgrassteppe, Mischgrassteppe, Kurzgrassteppe und Wüstensteppe.

Aufgabe 2: Die Langgrassteppe wird auch als Feuchtsteppe, Krautsteppe oder Wiesensteppe bezeichnet. In der Langgrassteppe sind die Gräser durchweg 50-80 cm hoch. Die Langgrassteppe wird von bis zu 1 m hoch wachsenden Federgräsern geprägt. Es gibt hier neben den Gräsern viele Kräuter, u. a. Korbblütler und Hülsenfrüchtler. Die Langgrassteppe hat 5-8 trockene Monate.

Aufgabe 3: Auf der Südhalbkugel werden viele Grassteppen fast ausschließlich von horstbildendden Tussock-Gräsern gebildet. Mit Tussock wird im englisch-sprachigen Raum ein Grasbüschel (ein Horst von Gras) bezeichnet, das in einem eng umgrenzten Bereich wächst und länger und dicker ist als andere Gräser. Tussockgräser sind besonders in Kurzgrassteppen zu finden. In Australien dehnen sich weite Graslandschaften mit Tussock aus.

KOHL VERLAG Lernen mit Erfolg
WÜSTEN & STEPPEN DER ERDE
Sekundarstufe – Bestell-Nr. 12 947

Ergänzungsmaterial

Bildquellen

Bildquellen © AdobeStock.com:

S. 4: Peter Engelke;
S. 5: Colobus;
S. 6: andrea, Mieszko9;
S. 7: HandmadePictures, nighttman, ArtEvent ET;
S. 8: Spencer, peteri, ANDRIBENKY;
S. 9: taka, staphy, ALEXANDRE TAVARES;
S. 10: aubi1309;
S. 11: Harada Shizuo;
S. 15: Peter Hermes Furian;
S. 16: amheruko, Pavel Svoboda;
S. 17: Michael, cceliaphoto, JAG IMAGES, lavizzara, Uwe;;
S. 18: rweisswald, Dmitry Rukhlenko, joyt, lavizzara;
S. 19: lavizzara, aphonua, Nodir, Patrick, hari.ksa, AAref;
S. 20: Danita Delimont, brent coulter, Christian Colista;
S. 21: lavizzara, Armandh, A, Paul Moore, Dr. B. Images;
S. 22: Luis, lavizzara, Andreas Edelmann, Grace Langbeck;
S. 23: Chris Ison, wrightouthere, WITTE-ART.com, Ken Griffiths, Luke, Artalis-Kartographie;
S. 24: lavizzara, Uwe, JAG IMAGES;
S. 25: Sam, Dewald;
S. 26: mostwest, Kazakova Maryia, Ralf Kraft;
S. 27: HandmadePictures, hecke71;
S. 28: Fotolla, sara_winter;
S. 29: lesniewski;
S. 30: Peter Hermes Furian, Alexey Seafarer, Fitawoman;
S. 31: Dimitrios;
S. 35: maciek905;
S. 37: Christian Musat , Andreas Edelmann, Muñoz Docampo;
S. 39: Victor Tyakht, Alexey, Yerbolat, Torsten Pursche, lesniewski;
S. 40: winterbilder;
S. 41: Peter Sackl, mosesrode, lesniewski;
S. 43: Maurizio De Mattei, Steven;
S. 44: Luis, Christian Musat , Andreas Edelmann, Muñoz Docampo;
S. 45: Christian Kornacker;
S. 46: Wendy;
S. 47: Spencer;
S. 48: lavizzara;
S. 51: taka, winterbilder

Bildquellen © wikimedia.org:

S. 25: Albert Backer; **S. 26**; Matthias Bruhin & Hp.Baumeler, Smcmurtrey, einalem, NASA-GSFC-MODIS Team;
S. 32; Environmental Protection Agency, Francisco Anzola;
S. 33: Olga Ernst, Olahus, Andrey Giljov, James C.
S. 36: Fährtenleser;
S. 37: Irargerich, Gaap1;
S. 38: Mdf, Ghilarovus, Togzhan Ibrayeva;
S. 40: Swid, Fährtenleser;
S. 41: South_Dakota_National Park Service;
S. 42: Oggmus, Marduk;
S. 43: Reto Stöckl, Dr-Victor-von-Doom;
S. 44: Spikercs, Thomas Schoch;
S. 46: Le.Loup.Gris, Ulrich Lange

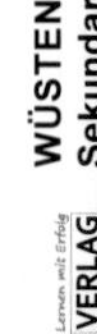